O Essencial
A REALIZAÇÃO
ESPONTÂNEA
DO DESEJO

PRINCÍPIOS FUNDAMENTAIS DO BESTSELLER ORIGINAL

Deepak Chopra

O Essencial
A REALIZAÇÃO ESPONTÂNEA DO DESEJO

A ESSÊNCIA DE COMO UTILIZAR
O PODER INFINITO DA COINCIDÊNCIA

Tradução de Cláudia Gerpe Duarte

Título original
THE ESSENTIAL SPONTANEOUS FULFILLMENT OF DESIRE
The Essence of Harnessing the Infinitive Power of Coincidence

Copyright © 2003, 2007 by Deepak Chopra, M.D.
Todos os direitos reservados.

Edição brasileira publicada mediante acordo com a Harmony Books, um selo da Crown Publishing Group, uma divisão da Random House, Inc., Nova York.

Esta é uma edição condensada do livro
A realização espontânea do desejo: Como utilizar o poder infinito da coincidência publicado em 2005 pela Rocco.

Direitos para a língua portuguesa reservados
com exclusividade para o Brasil à
EDITORA ROCCO LTDA.
Av. Presidente Wilson, 231 – 8º andar
20030-021 – Rio de Janeiro – RJ
Tel.: (21) 3525-2000 – Fax: (21) 3525-2001
rocco@rocco.com.br
www.rocco.com.br

Printed in Brazil/Impresso no Brasil

preparação de originais
FÁTIMA FADEL / LEONARDO VILLA-FORTE

CIP-Brasil. Catalogação na fonte.
Sindicato Nacional dos Editores de Livros, RJ.

C476e Chopra, Deepak, 1946-
O essencial: princípios fundamentais do best-seller: a realização espontânea do desejo: a essência de como utilizar o poder infinito da coincidência/Deepak Chopra; tradução de Cláudia Gerpe Duarte. – Rio de Janeiro: Rocco, 2012.
12,5x19cm

Tradução de: The essential spontaneous fulfillment of desire: the essence of harnessing the infinite power of coincidence.
ISBN 978-85-325-2733-2

1. Coincidência. 2. Autorrealização (Psicologia). I. Título.

11-8141

CDD–128
CDU–128

*A Rita, Mallika, Gotham, Candice,
Sumant, Tara e Leela:
vocês coordenam a dança
sincrônica do meu universo*

NOTA DO AUTOR

Há poucas coisas na vida que eu considero mais interessantes do que aprender e ensinar. Todos nós nascemos com uma curiosidade insaciável sobre o mundo que nos cerca, e eu fui sortudo por crescer num lar que alimentou este apetite. Agora, adulto, aproveito o melhor dos dois mundos: posso explorar a ciência, a sabedoria antiga, a saúde e o espírito, por um lado, e, pelo outro, posso compartilhar o que aprendi – ajudando os outros a satisfazer suas próprias curiosidades – por meio dos meus livros e leituras.

Quando falo para plateias, encontro-me apresentando minhas ideias de um jeito conciso ou extenso, dependendo do tempo que tenho à minha disposição. Um segmento de cinco minutos num programa matinal na televisão requer uma apresentação muito diferente de uma hora no meu programa de rádio semanal na Sirius, o que, por sua vez, é muito breve em comparação com os cursos de uma semana de duração que ministro ao redor do mundo. Ocorre-me que a mesma coisa é válida para o que lemos. Afinal, não temos sempre a luxúria de dispender tempo para explorar a longa articulação de uma nova ideia apresentada em um livro, mas podemos ter tempo, talvez, para aproveitar a essência dessa ideia.

Foi a partir desse pensamento que a série *O Essencial* nasceu. Essa série começa com três livros que atraíram sequências substanciais em suas versões expandidas: *Corpo sem idade, mente sem fronteiras: A alternativa quântica para o envelhecimento; Como conhecer Deus: A jornada da alma aos mistérios dos mistérios; A realização espontânea do desejo: Como utilizar o poder infinito da coincidência.* Nesses novos volumes essenciais, eu destilei os elementos mais importantes dos originais completos. É minha esperança que esta série tenha valor para os leitores de primeira viagem dos meus trabalhos, assim como para aqueles que talvez já tenham lido esses livros, mas que desejam inspirar-se por essas ideias novamente.

O Essencial de A realização espontânea do desejo é um livro para aqueles que se questionam sobre o significado de um determinado momento em que pensavam em um velho amigo com quem já haviam perdido o contato há muito tempo e o telefone toca: é o tal amigo! Ou o momento em que se está superansioso por um acontecimento e de repente todos os obstáculos para sua realização desaparecem. Coincidência? Talvez. Tais experiências, no entanto, não devem ser desprezadas. A palavra "coincidência" significa "acontecer ao mesmo tempo", e, na verdade, momentos como estes são vislumbres de um lugar onde tudo acontece ao mesmo tempo ou, sincronicamente, um lugar onde o passado, o presente e o futuro são um só. Este livro mostra, passo a passo, como você pode não apenas ser favorecido por estas pistas, como também presenciar um número cada vez maior delas. Desta forma, você está abrindo uma porta para uma esfera de inteligência divina, onde pode criar a sua própria "sorte" em todas as áreas da vida. Não é apenas coincidência. É um acesso para a realização de todos os seus desejos.

INTRODUÇÃO

Milagres acontecem todos os dias. Não apenas em remotas localidades do interior ou em lugares sagrados do outro lado do mundo, mas aqui, na nossa vida. Eles borbulham a partir da sua origem oculta, envolvem-nos com oportunidades e a seguir desaparecem.

Apesar de os considerarmos extraordinários, os milagres também passam todos os dias pela nossa consciência. Podemos escolher notá-los ou desconsiderá-los, sem perceber que o nosso destino pode depender dessa decisão. Sintonize-se com a presença dos milagres e, em um piscar de olhos, a vida pode se transformar em uma experiência fascinante, mais maravilhosa e estimulante do que jamais poderíamos imaginar. Se não der atenção a eles, perderá para sempre a oportunidade. A questão é a seguinte: Você reconheceria um milagre se presenciasse um? Caso o reconhecesse, o que faria? E se de algum modo você pudesse administrar os seus milagres, quais escolheria?

Além do seu eu físico, além dos pensamentos e emoções, existe dentro de você uma esfera que é puro potencial e, a partir dela, qualquer coisa é possível. Até mesmo os milagres. Especialmente os milagres. Essa sua parte está entrelaçada com tudo o que existe e com tudo o que virá a existir.

Todos já tivemos experiências que poderiam ser consideradas impressionantes ou extraordinárias. Podemos estar limpando um armário e encontrar um presente que nos foi dado por alguém com quem não falamos há anos, e então, uma hora depois, do nada, essa pessoa nos telefona. Ou então nosso carro enguiça em uma estrada deserta e, justo quando nos resignamos à ideia de ficar presos ali durante horas, o primeiro veículo que aparece é um reboque.

Esses momentos podem ser chamados de mera coincidência? Claro que podem, mas se os examinarmos mais de perto, também podem se revelar lampejos do milagroso. Cada vez que temos uma experiência desse tipo, podemos optar por não dar maior atenção a ela, considerando-a uma ocorrência aleatória em um mundo caótico ou podemos reconhecê-la como o evento potencialmente capaz de alterar a vida que ele pode se revelar. Não acredito em coincidências sem sentido.

Acho que toda coincidência é uma mensagem, uma pista a respeito de uma faceta de nossa vida que requer nossa atenção. Quando em sua vida você dá valor às coincidências e ao significado delas, entra em contato com o campo fundamental de possibilidades infinitas. É aí que a magia tem início. Trata-se de um estado que chamo de sincrodestino, no qual torna-se possível alcançar a realização espontânea de todos os nossos desejos. O sincrodestino requer que você tenha acesso a um lugar profundo dentro de si, ao mesmo tempo que desperta para a complexa dança de coincidências no mundo físico. Ele exige que você compreenda a natureza profunda das coisas, que reconheça o manancial de inteligência que cria interminavelmente nosso universo, mas que tenha a intenção de perseguir as oportunidades específicas de mudança quando elas surgirem.

Meu pai serviu no exército indiano como médico particular de Lorde Mountbatten, o último governador geral do Império Britânico na Índia. Enquanto cumpria sua função, meu pai passou muito tempo na companhia de Lady Mountbatten, e ficaram amigos. Essa amizade fez com que meu pai fosse estimulado a candidatar-se a uma bolsa de estudos avançados para que posteriormente pudesse tornar-se membro do Royal College of Physicians, o que o levou para a Inglaterra quando eu tinha cerca de seis anos de idade. Pouco depois, minha mãe também partiu para ficar um pouco com o meu pai, e meu irmão mais novo e eu ficamos aos cuidados de nossos avós.

Certo dia, meu pai enviou um telegrama da Inglaterra dizendo que finalmente passara em todos os exames. Meu avô ficou muito orgulhoso das realizações do filho e saiu conosco para comemorar. O dia foi de gloriosa celebração. No entanto, mais tarde naquela noite, meu irmão e eu fomos despertados por gemidos. Embora não tenhamos sabido de imediato, nosso avô tinha morrido e o barulho que nos tinha acordado era o choro das mulheres que se lamentavam.

Esse fato afetou profundamente a mim e meu irmão. Eu ficava acordado à noite imaginando onde estaria meu avô e se sua alma teria sobrevivido de alguma maneira depois da morte. A reação do meu irmão foi diferente: a pele dele começou a descascar, como se ele tivesse se queimado no sol. Não havia nenhuma razão física para o que estava ocorrendo, de modo que procuramos vários médicos. Um deles, um profissional de grande sabedoria, percebeu que os recentes eventos traumáticos que tinham ocorrido na nossa vida talvez tivessem deixado meu irmão sentindo-se vulnerável e exposto, e a pele que estava descamando seria um sinal externo da vulnerabilidade dele. Ele previu que a pele pararia de descamar quando os meus pais voltassem, e foi de fato o que aconteceu.

Ao olhar para trás, consigo perceber que esses antigos eventos foram as sementes do trabalho de minha vida, ou seja, minha busca de compreender a natureza da alma e meus estudos sobre a conexão existente entre o corpo e a mente na saúde.

No entanto, perceber a rede de coincidências na nossa vida é apenas o primeiro estágio que nos permite entender e viver o sincrodestino. O próximo estágio envolve desenvolver a percepção consciente das coincidências enquanto elas estão acontecendo. É fácil percebê-las em retrospecto, mas, se você conseguir detectar as coincidências no momento em que elas ocorrerem, estará em uma posição melhor para aproveitar as oportunidades que elas possam estar apresentando. Além disso, a percepção consciente se traduz em energia. Quanto mais atenção você der às coincidências, mais provável é que elas apareçam, o que significa que você começa a ter cada vez mais acesso às mensagens que lhe estão sendo enviadas a respeito do caminho e da direção de sua vida.

O estágio final de viver o sincrodestino ocorre quando nos tornamos plenamente conscientes da correlação existente entre todas as coisas, a maneira como cada uma afeta a seguinte, como todas estão "em sincronia", o que significa atuar em uníssono, como um só. Imagine um cardume de peixes nadando em uma direção e, de repente, todos mudam de direção. Não existe nenhum líder dando orientações. Os peixes não pensam: "O peixe à minha frente virou à esquerda, de modo que devo fazer o mesmo." Tudo acontece simultaneamente. A coreografia dessa sincronia é realizada por uma inteligência poderosa e onipresente que jaz no coração da natureza, manifestando-se em cada um de nós através do que chamamos alma.

Quando aprendemos a viver a partir do nível da alma, muitas coisas acontecem. Tomamos consciência dos padrões refinados e ritmos sincrônicos que governam a vida. Compreendemos os grandes períodos de memória e experiência que nos moldaram e nos tornaram as pessoas que somos hoje. O medo e a ansiedade desaparecem quando observamos maravilhados a evolução do mundo. Notamos a rede de coincidências que nos cerca e percebemos que até mesmo os menores eventos encerram um significado. Descobrimos que, ao aplicar a atenção e a intenção a essas coincidências, podemos criar resultados específicos na nossa vida. Nós nos relacionamos com todos e com tudo no universo, e reconhecemos o espírito que nos une. Moldamos conscientemente nosso destino e fazemos com que ele assuma as expressões ilimitadamente criativas que deveriam ser, e, ao fazer isso, vivemos nossos sonhos mais profundos e nos aproximamos cada vez mais da iluminação.

Este é o milagre do sincrodestino.

Este livro não vai mudar sua vida da noite para o dia, mas se você estiver disposto a empenhar diariamente um pouco do seu tempo, descobrirá que os milagres não apenas são possíveis, como também são abundantes. Podem acontecer todos os dias, a cada hora e a cada minuto da sua vida. Neste momento, as sementes de um destino perfeito jazem adormecidas dentro de você. Libere o potencial delas e viva uma vida mais maravilhosa do que qualquer sonho. Permita-me mostrar-lhe como fazer isso.

primeira parte

A PROMESSA DE UM POTENCIAL ILIMITADO

I

A MATÉRIA, A MENTE
E O ESPÍRITO

Desde o momento em que nos tornamos conscientes do mundo que nos cerca, começamos a ter curiosidade de conhecer nosso lugar nele. As perguntas que fazemos são intermináveis. Por que estou aqui? Como me encaixo no plano das coisas? Qual é o meu destino? Quando crianças, temos a tendência de pensar no futuro como uma folha de papel em branco na qual podemos escrever nossa história. As possibilidades parecem infinitas e somos estimulados pela promessa da descoberta e do simples prazer de viver imersos nesse enorme potencial. Mas à medida que vamos crescendo nos tornamos adultos e somos "instruídos" a respeito de nossas limitações, a nossa visão do futuro se torna mais restrita. Aquilo que certa vez fez alçar nossa imaginação agora nos oprime com o medo e a ansiedade. O que antes parecia ilimitado torna-se estreito e sombrio.

Existe uma maneira de recuperar a alegria altaneira do potencial ilimitado. Basta que você compreenda a verdadeira natureza da realidade, esteja disposto a reconhecer a correlação e a inseparabilidade de todas as coisas. A seguir, auxiliado por técnicas específicas, perceberá que o mundo se abre para você, e a sorte e as oportunidades que surgiam de vez em quando passarão a acontecer com uma frequência cada vez maior.

O primeiro passo para viver dessa maneira é entender a natureza dos três níveis da existência.

Nível 1:
A ESFERA FÍSICA

O primeiro nível da existência é físico ou material, o universo visível. Esse é o mundo que conhecemos melhor, que chamamos de mundo real. Ele contém a matéria e objetos com limites firmes, tudo o que é tridimensional, e inclui o que experimentamos com os cinco sentidos, ou seja, tudo que podemos ver, ouvir, sentir, provar ou cheirar. Na esfera física, o tempo parece correr em uma linha tão reta que o chamamos de a flecha do tempo, que sai do passado, passa pelo presente e avança em direção ao futuro. Isso significa que tudo na esfera física tem um começo, um meio e um fim, sendo, portanto, impermanente.

O mundo físico que experimentamos é governado por leis imutáveis de causa e efeito, de modo que tudo é previsível. Os cientistas conseguem calcular com precisão o momento e a duração de um eclipse solar. Toda a nossa interpretação "lógica e sensata" do mundo decorre do nosso conhecimento dessa esfera física.

Nível 2:
A ESFERA QUÂNTICA

No segundo nível de existência, tudo consiste em informação e energia. Ele é chamado esfera quântica. Tudo nesse nível é insubstancial, o que quer dizer que não pode ser tocado ou percebido por nenhum dos cinco sentidos. A sua mente, pensamentos, ego, a parte que você tipicamente considera o seu "eu" fazem parte da esfera quântica. Essas coisas não são sólidas, mas você sabe que o seu eu e os seus pensamentos são reais. Embora seja mais fácil pensar na esfera quântica em função da mente, ela abrange muitas outras coisas. Na verdade, tudo no universo visível é uma manifestação da energia e das informações da esfera quântica. O mundo material é um subconjunto do mundo quântico.

Uma das primeiras lições ensinadas na escola é que todo objeto sólido é formado por moléculas e que as moléculas são compostas por unidades ainda menores chamadas átomos. Aprendemos que a cadeira aparentemente sólida na qual estamos sentados é formada por átomos tão pequenos que não podem ser vistos sem a ajuda de um poderoso microscópio. Mais adiante na lição, aprendemos que os minúsculos átomos são compostos por partículas subatômicas, que não são nem um pouco sólidas. Elas são, literalmente, pacotes ou ondas de informação e energia, o que quer dizer que, nesse segundo nível de existência, a cadeira na qual você está sentado nada mais é do que energia e informação.

Pode ser difícil compreender inicialmente esse conceito. Como podem ondas invisíveis de energia e informação ser experimentadas como um objeto sólido? A resposta é que os eventos na esfera quântica ocorrem na velocidade da luz, e nessa velocidade nossos sentidos simplesmente não conseguem processar tudo o que contribui para a nossa experiência perceptiva. Percebemos os objetos como sendo diferentes uns dos outros porque as ondas de energia contêm diferentes tipos de informações, que são determinadas pela frequência ou vibração dessas ondas de energia.

Assim sendo, o mundo físico, o mundo dos objetos e da matéria, é formado apenas por informações contidas nas energias que vibram em diferentes frequências. Só não vemos o mundo como uma enorme rede de energia porque ela vibra rápido demais. Nossos sentidos, por funcionarem com extrema lentidão, só conseguem registrar partes dessa energia e atividade, e esses agrupamentos de informações se tornam "a cadeira", "meu corpo", "a água" e todos os outros objetos físicos no universo visível.

No nível quântico, as várias porções de campos de energia que vibram em frequências diferentes que percebemos como objetos sólidos fazem parte de um campo de energia coletivo. Se fôssemos capazes de distinguir tudo o que está acontecendo no nível quântico, veríamos que somos parte de uma grande "sopa de energia" e que tudo – cada um de nós e todos os objetos na esfera física – é apenas um agrupamento de energia que flutua nessa sopa. Em qualquer momento considerado, nosso campo de energia entrará em contato com os campos de energia de todas as outras pessoas e os afetará, e cada um de nós responde de alguma maneira a essa experiência. Somos todos expressões dessa energia e informações conjuntas. Às vezes, podemos efetivamente sentir essa conexão. A sensação é em geral muito sutil, mas de vez em quando ela se torna mais tangível. Quase todos já tivemos a experiência de entrar em uma sala e sentir "uma tensão tão densa a ponto de quase conseguir cortá-la com uma faca", ou de estar em uma igreja ou santuário e sermos envolvidos por uma sensação de paz. Trata-se da energia coletiva do ambiente que se mistura com a nossa e que registramos em algum nível.

Em um nível mais profundo, não existe realmente nenhum limite entre o nosso eu e tudo o mais no mundo. Quando tocamos um objeto, temos a impressão de que ele é sólido, como se houvesse uma nítida separação entre ele e nós. Os físicos diriam que experimentamos esse limite como sendo sólido porque tudo é formado de átomos, e a solidez é a sensação dos átomos chocando-se uns contra os outros. Considere, no entanto, o que é um átomo. Ele possui um pequeno núcleo cercado por uma grande nuvem de elétrons. Não existe nenhum revestimento externo, apenas uma nuvem de elétrons. Para visualizar o que estou descrevendo, imagine um amendoim no meio de um estádio de futebol. O amendoim representa o núcleo; e o estádio, o tamanho da nuvem de elétrons ao redor do núcleo. Quando tocamos um objeto, percebemos a solidez quando as nuvens de elétrons se encontram. É assim que interpretamos o que é sólido, tendo em vista a sensibilidade (ou insensibilidade relativa) dos nossos sentidos. Nossos olhos estão programados para ver os objetos como sendo sólidos e tridimensionais. Nossas terminações nervosas estão programadas para sentir os objetos como sólidos e tridimensionais. No entanto, na realidade da esfera quântica, a solidez é inexistente.

Assim sendo, é apenas na consciência que nossos sentidos limitados criam um mundo sólido a partir da energia e das informações puras. Mas e se pudéssemos enxergar dentro da esfera quântica, se tivéssemos "olhos quânticos"? Na esfera quântica, veríamos que tudo que consideramos sólido no mundo físico está na verdade vibrando para dentro e para fora de um vazio infinito, à velocidade da luz. Exatamente como na sequência de fotogramas e intervalos de um filme, o universo é um fenômeno do tipo liga-desliga. A continuidade e a solidez do mundo só existem na imaginação, alimentadas pelos sentidos que não conseguem discernir as ondas de energia e de informação que compõem o nível quântico da existência. Na realidade, todos vibramos para dentro e para fora da existência o tempo todo. Se pudéssemos aperfeiçoar nossos sentidos, conseguiríamos efetivamente descortinar os intervalos na nossa existência. Estamos aqui, a seguir não estamos mais aqui e depois estamos aqui de novo. A sensação de continuidade é sustentada apenas pela nossa memória.

Assim sendo, a mente é um campo de energia e informação. Cada ideia também é energia e informação. Ao perceber a sopa de energia como um conjunto de entidades físicas distintas, você imaginou seu corpo e todo o mundo físico, e eles passaram a existir. Mas de onde vem a mente responsável por essa imaginação?

Nível 3:
A ESFERA NÃO LOCAL

O terceiro nível de existência é composto pela inteligência ou consciência. Pode ser chamado de esfera virtual, esfera espiritual, campo de potencial, ser universal ou inteligência não local. É aí que as informações e a energia emergem de um mar de possibilidades. O nível mais básico, fundamental, da natureza não é material; ele não é nem mesmo uma sopa de energia e informação, e sim puro potencial. Esse nível de realidade não local opera além do alcance do espaço e do tempo, que simplesmente não existem nesse nível. Nós o chamamos de não local porque não pode ser restrito a uma localização; não está "em" você ou "lá fora". Ele simplesmente é.

A inteligência da esfera espiritual é o que organiza a "sopa de energia" em entidades cognoscíveis. É ela que aglutina as partículas quânticas para formar os átomos, os átomos para formar moléculas e as moléculas para formar estruturas. Ela é a força organizadora por trás de todas as coisas. Esse conceito pode ser escorregadio e difícil de entender. Uma maneira relativamente simples de pensar a respeito dessa esfera virtual é reconhecer a natureza dual dos seus pensamentos. Enquanto você lê estas palavras, seus olhos veem a tinta preta na página e a sua mente traduz o que está impresso em símbolos – letras e palavras –, e a seguir tenta deduzir o significado deles. Mas dê um passo atrás e pergunte: Quem está lendo? Qual a consciência que regula meus pensamentos? Conscientize-se da dualidade desses processos interiores. Sua mente está ocupada decifrando, analisando e traduzindo. Então quem está lendo? Com esse pequeno desvio da atenção, você poderá se tornar consciente de que existe uma presença dentro de você, uma força que está realizando a experiência. Trata-se da alma ou inteligência não local, e a experiência dela tem lugar no nível virtual.

A inteligência não local está em toda parte ao mesmo tempo e pode usar simultaneamente efeitos múltiplos em vários locais. É a partir dessa esfera virtual que tudo no mundo é organizado e sincronizado. Essa é, portanto, a origem das coincidências que são tão importantes para o sincrodestino. Quando você aprende a viver a partir desse nível, consegue satisfazer espontaneamente todos os seus desejos. É capaz de criar milagres.

A EVIDÊNCIA DA ESFERA VIRTUAL

A esfera virtual não é uma invenção da imaginação, resultado de uma ânsia humana por uma força universal maior do que nós mesmos. Embora os filósofos venham discutindo e debatendo há milhares de anos a existência do "espírito", foi somente no século XX que a ciência pôde oferecer uma prova da existência da inteligência não local.

Quase todos aprendemos nas aulas de ciência que o universo é formado por ondas e partículas sólidas. Foi-nos dito que as partículas eram os componentes básicos de todos os objetos sólidos existentes no mundo. Aprendemos, por exemplo, que as menores unidades de matéria, como os elétrons em um átomo, eram partículas. Analogamente, foi-nos ensinado que as ondas, como as do som e da luz, não eram sólidas. Nunca houve nenhuma confusão entre as duas; partículas eram partículas, e ondas eram ondas.

Posteriormente, os físicos descobriram que uma partícula subatômica é parte do que é conhecido como um pacote de onda. Embora as ondas de energia sejam tipicamente contínuas, com máximos e mínimos igualmente espaçados, um pacote de onda é uma concentração de energia. (Imagine uma pequena bola de estática, com máximos e mínimos rápidos e agudos que representam a amplitude da onda.)

Onda

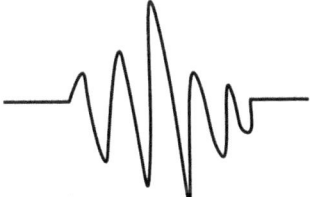

Pacote de onda

Podemos fazer duas perguntas a respeito da partícula nesse pacote de onda: (1) onde está ela e (2) qual é o momento dela? Os físicos descobriram que podemos fazer uma dessas perguntas, mas não as duas. Por exemplo, uma vez que você pergunte: "Onde está ela?", e fixe uma onda-partícula em um local, ela se torna uma partícula. Se você perguntar: "Qual é o momento dela?", terá decidido que o movimento é o fator crítico, de modo que você tem de estar falando sobre uma onda.

Então, essa coisa a respeito da qual estamos falando, a "onda-partícula", é uma partícula ou uma onda? Depende da pergunta que decidirmos fazer. Em qualquer momento considerado, essa onda-partícula pode ser uma partícula *ou* uma onda, porque não podemos conhecer a localização e o momento da onda-partícula. Na verdade, enquanto não medimos nem a localização nem o momento dela, ela é *simultaneamente partícula e onda*. Esse conceito é conhecido como o Princípio da Incerteza de Heisenberg e é um dos elementos fundamentais da física moderna.

Uma vez que a observação é a chave para definir a onda-partícula como uma entidade única, Niels Bohr e outros físicos acreditavam que a consciência era a única responsável pelo colapso da onda-partícula. Poderíamos dizer, então, que sem a consciência tudo existiria apenas como pacotes potenciais indefinidos de energia, ou puro potencial.

Esse é um dos pontos mais cruciais deste livro. Vou repeti-lo porque é extremamente importante: *Sem que a consciência agisse como observadora e intérprete, tudo existiria apenas como puro potencial.* Esse puro potencial é a esfera virtual, o terceiro nível da existência. Ele é não local e não pode ser exaurido; é infinito e todo abrangente. É a utilização desse potencial que nos permite fazer milagres.

Cleve Baxter, nosso colega e amigo no Chopra Center, realizou interessantes experiências. Ele desenvolveu em 1972 uma metodologia para estudar células humanas que tinham sido isoladas do corpo de uma pessoa.

Certo dia, Cleve Baxter estava isolando leucócitos a fim de estudá-los e algo muito interessante aconteceu. Como parte do procedimento, ele centrifugou a sua saliva para obter um número concentrado de leucócitos, colocou-os a seguir em um pequeno tubo de ensaio e inseriu fios de eletrodos de ouro conectados a aparelhos semelhantes a eletroencefalógrafos. De repente, ele teve a ideia de fazer um pequeno corte no dorso da mão para ver se isso afetaria os seus leucócitos. Ele foi pegar um bisturi esterilizado em uma prateleira próxima. Ao voltar, deu uma olhada no gráfico que estava registrando a atividade eletromagnética dos leucócitos. Ele já tinha registrado uma intensa atividade enquanto buscava o bisturi. Em outras palavras, os leucócitos estavam reagindo à *intenção* de Baxter de cortar a mão, antes de ele efetivamente fazer o corte.

Mas você não precisa ir a um laboratório para ver essa inteligência não local em ação. A prova está à nossa volta, nos animais, na natureza e até mesmo no nosso corpo.

2
O SINCRONISMO NA NATUREZA

Vemos exemplos de sincronismo na natureza com tanta frequência que eles começam a parecer comuns. Mas olhe de novo com olhos que estejam em sintonia com a quase impossibilidade do que está acontecendo e o conceito de sincronismo começará a fazer sentido. Olhe para cima, por exemplo, em um dia de verão e fique aguardando surgir um bando de pássaros. Como o cardume de peixes que mencionei anteriormente, eles parecem estar avançando em formação; quando mudam de direção, executam sincronicamente os mesmos movimentos. Um único bando de pássaros pode incluir centenas de aves individuais, mas cada uma se move em harmonia com todas as outras sem ter um líder óbvio. Mudam de direção em um instante, com todos os pássaros alterando o curso exatamente no mesmo momento, e o fazem com perfeição. Como isso acontece?

Não há tempo suficiente para uma troca de informações, de modo que qualquer correlação de atividade entre as aves tem de estar acontecendo de um modo não local.

Há anos os físicos vêm se esforçando para descobrir as propriedades que orientam os movimentos dos pássaros, até agora sem êxito. A complexidade e a absoluta precisão do comportamento das aves confundem constantemente a ciência. A comunicação instantânea que habitualmente vemos nos bandos de pássaros e cardumes de peixes é proveniente do nível espiritual, a inteligência organizadora não local da esfera virtual. O resultado é o sincronismo, seres que estão completamente em sintonia com o ambiente e uns com os outros, que dançam ao ritmo do cosmo.

O cientista Rupert Sheldrake realizou algumas pesquisas fascinantes de casos que parecem envolver a comunicação não local entre cães e seus companheiros humanos. As pessoas e os cachorros podem formar vínculos muito estreitos, e Sheldrake documentou casos nos quais os cães parecem saber quando o dono está vindo para casa. O cachorro se senta na porta da frente da casa de dez minutos a duas horas antes da chegada do dono. Céticos afirmaram que se tratava apenas de um hábito, que o dono volta para casa todos os dias a uma hora específica ou que o cão pode ouvir o barulho do carro ou sentir o cheiro do dono a quilômetros de distância. No entanto, esses cães conseguem predizer a chegada do dono quando ele volta para casa em horas inesperadas, dirigindo outro carro, a pé ou mesmo quando o vento está soprando na direção oposta, o que impediria que o cheiro do dono pudesse chegar até a casa.

Isso não acontece com todos os cachorros ou com todos os donos, mas quando ocorre é um fenômeno muito poderoso. Mais surpreendente ainda é o fato de Sheldrake ter demonstrado que os cães podem detectar uma intenção. Digamos que o dono esteja passando duas semanas de férias em Paris e que o cão esteja em casa, em Londres. Se o dono de repente muda de planos e resolve voltar para casa uma semana mais cedo, o cachorro exibe os mesmos sinais de expectativa uma semana antes. Assim que o dono pensa: "Está na hora de voltar para casa", o cão se levanta do lugar onde estava dormindo e se senta na entrada da casa abanando o rabo, esperando o dono chegar.

Exemplos de sincronismo podem ser encontrados com frequência no mundo animal, porque os animais estão mais em contato com a natureza fundamental das coisas. Nós, humanos, perdemos o sentimento de conexão em um rebuliço de preocupações a respeito do pagamento do aluguel, do carro que devemos comprar e de um milhão de outras distrações. Tão logo desenvolvemos um ego, o sentimento do "eu" que é diferente de tudo o mais, essas ligações são ofuscadas.

No entanto, algumas pessoas experimentam um forte sincronismo e não precisam ter o hábito de meditar. Todos já ouvimos falar em gêmeos idênticos que conseguem se sintonizar de imediato com o que o irmão está sentindo ou pensando. Esse mesmo tipo de ligação pode ser visto em outras pessoas fortemente conectadas. Certa vez, eu estava conversando com um paciente quando, de repente, ele sentiu uma dor intensa no abdômen e começou a rolar no chão. Quando lhe perguntei o que estava acontecendo, ele respondeu: "É como se alguém tivesse me apunhalado bem aqui." Mais tarde, descobrimos que naquele exato momento a mãe dele tinha sido assaltada na Filadélfia e apunhalada no abdômen. Ele tinha uma ligação muito forte com a mãe; tratava-se provavelmente do relacionamento mais importante na sua vida. Eles estavam de tal maneira sintonizados que, em algum nível, era como se a fisiologia de ambos fosse uma só. Poderíamos dizer que estavam *concatenados* um com o outro.

A *concatenação* é apenas outra palavra para *correlação* ou *sincronização;* ela é usada na maioria das vezes por cientistas para descrever o estado de existência "apanhado" por outra força ou substância. As partículas, por exemplo, podem estar concatenadas em uma corrente de líquido e fluir imersas nele. A palavra nos ajuda a descrever como as coisas se tornam correlacionadas umas com as outras. Lembre-se de que o sincronismo só tem lugar quando as pessoas, os animais ou os objetos têm um estreito relacionamento ou estão concatenados um com o outro.

Como é possível que algo tão real e substancial quanto o nosso corpo dependa da comunicação virtual? Considere que o corpo humano se compõe aproximadamente de cem trilhões de células, cerca de mil células para cada estrela que brilha na Via Láctea. Existem cerca de 250 tipos diferentes de células no corpo humano, desde a simples célula gordurosa esférica à tênue célula nervosa que se ramifica.

Além de realizar um trabalho específico no corpo, cada célula faz alguns milhões de coisas por segundo apenas para continuar a funcionar: cria proteínas, ajusta a permeabilidade da sua membrana e processa nutrientes, citando apenas algumas. Cada célula também precisa saber o que todas as outras estão fazendo; caso contrário, o corpo se desintegraria. O corpo humano só pode funcionar se estiver operando sincronicamente, o que só pode acontecer por meio da correlação não local. De que outra maneira poderiam um trilhão de células, cada uma fazendo um milhão de coisas por segundo, coordenar suas atividades para sustentar um ser humano vivo que respira? De que outro modo poderia um corpo humano, ao mesmo tempo, gerar pensamentos, remover toxinas, sorrir para um bebê ou até mesmo fazer um bebê?

A resposta é que o pensamento tem origem na esfera virtual.

Nosso corpo se comporta sincronicamente o tempo todo.

Em um corpo saudável, esse sincronismo está perfeitamente regulado. As pessoas que gozam de boa saúde estão firmemente envolvidas nesses ritmos. Quando a doença tem lugar, há algo errado com algum desses ritmos. O estresse é o maior desestabilizador. Se você estiver estressado, sentindo hostilidade, o equilíbrio do seu corpo é afetado. O estresse rompe nossa conexão não local com tudo o mais. Quando você fica doente, uma parte do seu corpo está começando a se debilitar. Ela está deixando de estar em sintonia com o campo de inteligência não local.

Muitas emoções podem perturbar o campo eletromagnético no coração, mas a raiva e a hostilidade são as que foram documentadas com maior precisão. Quando essa sincronização é perturbada, o corpo começa a se comportar de uma maneira fragmentada. O sistema imunológico é reprimido, o que gera outros problemas, como uma maior suscetibilidade ao câncer, às infecções e ao envelhecimento acelerado. Esse efeito é tão forte que os animais conseguem detectá-lo. Quando um cachorro vê uma pessoa que está fomentando hostilidade, ele late e exibe um comportamento feroz. Aonde quer que vá, você irradia quem você é nesse nível bem íntimo.

No entanto, nossa conexão com a inteligência não local não termina no limite do corpo. Assim como ele, o universo também está em equilíbrio, e exibe esse equilíbrio em ritmos ou ciclos.

Sentimos na Terra os efeitos do Sol no ritmo circadiano e os efeitos da Lua no ritmo lunar, enquanto ela passa pelas suas diferentes fases. Os ciclos da Lua atuam no nosso corpo, correlacionando-se instantaneamente com os movimentos planetários. O ciclo menstrual de vinte e oito dias da mulher é afetado pela Lua e existem outros ritmos mensais mais sutis que influenciam o humor e a produtividade de todas as pessoas. Os efeitos gravitacionais do Sol e da Lua sobre a Terra causam as marés dos oceanos, que também afetam nosso corpo. Afinal de contas, há milhões de anos nós também habitávamos o oceano. Quando resvalamos para a terra, trouxemos conosco parte do oceano. Oitenta por cento do nosso corpo possuem a mesma composição química do oceano que um dia chamamos de lar e ainda são afetados pela atração da maré.

Existem ritmos dentro de ritmos dentro de ritmos. E essa ressonância ecoa à nossa volta e dentro de nós. Não somos estranhos ao processo; somos parte dele, vibrando com a pulsação do universo.

Pense no universo como um único e enorme organismo. A vastidão dele é uma realidade projetada, perceptiva; embora "lá fora" você possa estar vendo um grande estádio de futebol com milhares de pessoas, o verdadeiro fenômeno é um pequeno impulso elétrico dentro do seu cérebro que você, o ser não local, interpreta como um jogo de futebol. O Ioga Vasishta, um antigo texto védico, diz o seguinte: "O mundo é como uma enorme cidade refletida em um espelho. O universo também é um enorme reflexo seu na sua própria consciência."

Ele é, em resumo, a alma de todas as coisas.

3
A NATUREZA DA ALMA

Na vastidão do oceano, não existe nenhum ego. Visto a partir de uma grande distância, da Lua ou de um satélite, o oceano parece calmo e inanimado, uma grande faixa azul cingindo a terra. Mas à medida que nos aproximamos cada vez mais do oceano, percebemos que ele está em constante movimento, agitado por correntes e marés, contracorrentes e ondas. Vemos esses padrões oceânicos como entidades distintas. À medida que cada onda é criada, podemos observá-la encapelar, quebrar e precipitar-se na praia. No entanto, é impossível separar a onda do oceano. Você não pode tirar uma onda com uma concha, colocá-la em um balde e levá-la para casa.

Quando começamos a compreender a alma, o mar oferece uma maravilhosa analogia. Imagine o oceano em uma realidade não local, o campo de infinitas possibilidades, o nível virtual da existência que sincroniza todas as coisas. Cada um de nós é como uma onda nesse oceano. Somos criados a partir dela e ela forma a essência de quem somos. Assim como a onda assume uma forma específica, nós também ostentamos padrões intricados da realidade não local. Esse vasto e infinito oceano de possibilidade é a essência de todas as coisas no mundo físico. O oceano representa o não local, e a onda, o local. Os dois estão intimamente conectados.

Tão logo definimos a alma como sendo oriunda da esfera não local, ou virtual, nosso lugar no universo torna-se extraordinariamente claro. Somos ao mesmo tempo locais e não locais, um padrão individual emergindo da inteligência não local, que também é parte de todos e de tudo. Por conseguinte, podemos pensar na alma como tendo duas partes. A alma vasta, não local, existe como o nível virtual ou do espírito. Ela é poderosa, pura e capaz de qualquer coisa. A parte pessoal, local, da alma, existe no nível quântico. É ela que alcança a vida do dia a dia e sustenta a essência de quem somos. Ela também é poderosa, pura e capaz de qualquer coisa. O mesmo potencial ilimitado do espírito infinito também reside em cada um de nós. A alma pessoal, que nos vem à cabeça quando pensamos no nosso "eu", é uma emanação da alma eterna.

Se conseguíssemos aprender a viver a partir do nível da alma, veríamos que a nossa parte melhor e mais luminosa está conectada a todos os ritmos do universo. Verdadeiramente nos conheceríamos como os fazedores de milagres que somos capazes de ser. Ficaríamos livres do medo, do anseio, do ódio, da ansiedade e da hesitação. Viver a partir do nível da alma significa deixar para trás o ego, as limitações da mente que nos atrelam aos eventos e resultados do mundo físico.

Todos somos padrões de não localidade fingindo ser pessoas. No fim, tudo é espírito.

No entanto, todos nos sentimos muito individuais, não é mesmo? Os nossos sentidos nos garantem que nosso corpo é real, e temos pensamentos muito pessoais e individuais. Aprendemos coisas, nos apaixonamos, temos filhos e trabalhamos na nossa profissão. Por que não sentimos esse vasto oceano revolvendo dentro de nós? Por que nossa vida parece tão limitada? Tudo volta aos três níveis da existência.

No nível físico, que chamamos de mundo real, a alma é o observador no meio da observação. Sempre que observamos alguma coisa, três componentes estão envolvidos. O primeiro, que ocorre no mundo físico, é o objeto de observação. O segundo, que tem lugar no nível da mente, é o processo de observar. O terceiro componente da observação é o observador efetivo, que chamamos alma.

Todos possuímos uma alma, mas como cada um de nós observa as coisas a partir de um lugar diferente e de um conjunto distinto de experiências, não as observamos exatamente da mesma maneira. As variações no que observamos se baseiam nas interpretações da nossa mente. Se você e eu observássemos um cachorro, por exemplo, teríamos pensamentos diferentes. Eu poderia vê-lo como um animal feroz e talvez ficasse com medo. Você poderia olhar para o mesmo cão e enxergá-lo como um amigo e companheiro. Nossas mentes interpretam a observação de modos diferentes. Quando vejo um cachorro, fujo correndo. Quando você vê um cachorro, assobia e brinca com ele.

A interpretação acontece no nível mental, mas é a nossa alma individual que está condicionada pela experiência, e através dessa memória da experiência passada a alma influencia nossas escolhas e a maneira como interpretamos a vida. Essas minúsculas sementes de memória se amontoam na alma individual ao longo de uma vida e essa combinação de memória e imaginação baseada na experiência se chama carma. O carma se acumula na parte pessoal da alma, a onda na essência do nosso ser, e a colore. Essa alma pessoal governa a consciência e fornece um gabarito para o tipo de pessoa que cada um de nós virá a ser. Além disso, as ações que praticamos podem afetar essa alma pessoal e modificar nosso carma, para melhor ou pior.

A parte universal, não local da alma não é afetada por essas ações, estando conectada a um espírito que é puro e imutável. Na verdade, a definição de *iluminação* é "o reconhecimento de que sou um ser infinito que vejo e sou visto a partir de um ponto de vista particular e localizado, observo e sou observado a partir de uma perspectiva localizada". Não importa o que mais possamos ser, independentemente da confusão que possamos ter feito na vida, sempre é possível entrar em contato com a parte da alma que é universal, o campo infinito de puro potencial, e modificar o curso do nosso destino. Isso é o sincrodestino, ou seja, tirar vantagem dessa conexão entre a alma pessoal e a alma universal para moldar a nossa vida.

Desse modo, as sementes de memória construídas pela experiência, o carma, ajudam a determinar quem somos. Mas outras coisas além do carma moldam a individualidade da alma pessoal; os relacionamentos também desempenham um papel importante na construção da alma.

A seguir, pense nas emoções. Elas são apenas energia reciclada. As emoções não são provenientes de nós. Elas vêm e vão dependendo das situações, circunstâncias, relacionamentos e eventos. No dia 11 de setembro de 2001, a data da tragédia do World Trade Center, o medo e o terror foram emoções comuns, desencadeadas pelos eventos daquele dia. Essas poderosas emoções continuaram a existir durante meses. Elas nunca são criadas isoladas, sempre têm lugar devido a alguma interação com o ambiente. Na ausência de circunstâncias ou relacionamentos, não há nenhuma emoção. Desse modo, embora eu possa ficar furioso, não se trata realmente da minha raiva e sim da raiva que se instalou em mim por algum tempo.

Cada emoção depende do contexto, das circunstâncias e dos relacionamentos que definem sua realidade naquele momento.

E o que dizer dos pensamentos? Bem, eles são informação reciclada. Cada pensamento que temos é na verdade parte de um banco de dados coletivo. Há cem anos eu não poderia ter dito: "Vou para Disney World pela Delta Air Lines." Não havia nenhum conceito dessas coisas no mundo em geral, de modo que eu não poderia ter tido esse pensamento. Não havia nem Disney World nem Delta Air Lines, e muito menos as viagens aéreas comerciais. Todos os pensamentos, exceto os extremamente originais, nada mais são do que informação reciclada, e até mesmo os mais originais são, na verdade, saltos quânticos de criatividade que ocorrem a partir dessa mesma base reciclada de informações.

Embora a frase "salto quântico" tenha se tornado comum nas conversas do dia a dia, possui, na verdade, um significado muito específico. Nas aulas sobre os átomos na escola, geralmente aprendemos que existe um núcleo que contém prótons e nêutrons, e que elétrons giram ao redor do núcleo em órbitas que se situam a diferentes distâncias do núcleo.

Aprendemos que os elétrons permanecem em uma órbita particular, mas às vezes mudam para uma órbita diferente. Caso absorva energia, um elétron pode saltar para uma órbita mais elevada; caso libere energia, pode descer para uma órbita mais baixa. O que a maioria de nós nunca aprende é que quando um elétron muda de órbita, ele não se move através do espaço para chegar à sua nova localização; em vez disso, em um momento, o elétron está na órbita A e, no momento seguinte, está na órbita B, *sem ter viajado através do espaço entre elas.* Isso é que é chamado de salto quântico. Um salto quântico é uma mudança no status de um conjunto de circunstâncias para outro conjunto de circunstâncias que tem lugar imediatamente, sem passar pelas circunstâncias intermediárias.

Átomo de sódio (Na)

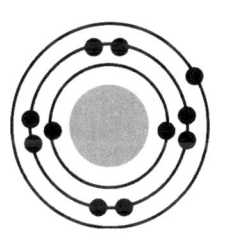

Os cientistas aprenderam que não podem prever quando e onde um salto quântico irá ocorrer. Eles conseguem criar modelos matemáticos que lhes permitem estimar os saltos quânticos, mas esses nunca são totalmente previsíveis.

Os cientistas reconhecem a imprevisibilidade da natureza e vêm tentando compreendê-la.

A nova ciência do caos está tentando prever o imprevisível por meio de intricados modelos matemáticos. No exemplo clássico, uma borboleta bate as asas no Texas e seis dias depois tem lugar um tufão em Tóquio. A conexão pode não parecer óbvia, mas existe. Essa pequena mudança na pressão do ar causada pela borboleta pode vir a ser multiplicada e ampliada, resultando em um tornado. No entanto, isso nunca pode ser totalmente previsto. É por esse motivo que os técnicos do serviço de meteorologia parecem errar com tanta frequência e também a razão pela qual qualquer previsão do tempo que ultrapasse as quarenta e oito horas não é confiável. No entanto, entre as possíveis ocorrências no mundo, as condições atmosféricas são mais previsíveis do que quase todas as outras coisas.

Em um nível espiritual, isso quer dizer que nunca podemos realmente saber que direção a vida irá tomar, que mudanças o pequeno bater de asas da intenção e da ação poderão causar no nosso destino. Além disso, ao mesmo tempo, também quer dizer que nunca poderemos, de verdade, conhecer a mente de Deus. Jamais poderemos entender completamente a maneira, o lugar e a hora de alguma coisa, nem mesmo de algo simples como a água que ferve. Temos de nos render à incerteza, ao mesmo tempo que apreciamos sua intricada beleza.

Toda a criatividade se baseia em saltos quânticos e na incerteza. Em momentos particulares do tempo, ideias verdadeiramente originais emanam da base coletiva de informações. Essas ideias não se originaram na pessoa afortunada e sim na consciência coletiva. É por esse motivo que importantes descobertas científicas com frequência são feitas por duas ou mais pessoas ao mesmo tempo. As ideias já estão circulando no inconsciente coletivo e mentes preparadas estão prontas para traduzir essas informações. Essa é a natureza do gênio, ser capaz de captar o cognoscível mesmo quando ninguém mais reconhece que ele está presente. Em qualquer momento considerado, a inovação ou a ideia criativa não existe e, no momento seguinte, ela faz parte do mundo consciente. Nesse ínterim, onde estava ela? Ela veio da esfera virtual, do nível do espírito universal, onde tudo é potencial. Às vezes esse potencial cria algo previsível, às vezes original, mas nessa esfera todas as possibilidades já existem.

Podemos então agora perguntar: se o meu corpo, meus pensamentos, emoções e personalidade não são originais ou criados por mim, quem sou eu na realidade? De acordo com muitas das grandes tradições espirituais, uma das grandes verdades é que "eu sou o outro". Sem o outro, não existiríamos. Sua alma é o reflexo de todas as almas. Imagine-se tentando compreender a complexa rede de interações pessoais que o tornaram quem você é hoje – toda a sua família e os seus amigos, todos os professores e colegas que você já teve, todos os vendedores de todas as lojas que já visitou, todo mundo com quem já trabalhou ou esteve em contato em algum ponto da vida. E depois, a fim de entender todas essas pessoas e o tipo de influência que elas podem ter exercido sobre você, precisa descobrir quem são *elas*. Agora então você tem de descrever a rede de relacionamentos que cerca cada uma das pessoas que formam sua rede de relacionamentos. Finalmente, você iria descobrir que precisaria descrever todo o universo para poder definir uma única pessoa. Na verdade, então, cada pessoa é todo o universo. Você é o infinito, visto a partir de um ponto de vista localizado. A sua alma é a parte de você que é simultaneamente universal e individual, e ela é um reflexo de todas as outras almas.

Por conseguinte, definir a alma dessa maneira significa compreender que sua alma é ao mesmo tempo pessoal e universal, que ela encerra um significado e implicações que estão além da sua experiência pessoal de vida. A alma é o observador que interpreta e faz escolhas em uma confluência de relacionamentos. Esses relacionamentos fornecem as circunstâncias, o cenário, os personagens e os eventos que moldam as histórias da nossa vida. Assim como a alma é criada através dos relacionamentos e é um reflexo de todos eles, a experiência da vida é formada a partir do contexto e do significado.

Ao mencionar o *contexto* estou me referindo a todas as coisas à nossa volta que nos permitem entender o significado de ações, palavras e ocorrências individuais, ou qualquer outra coisa. Uma palavra, por exemplo, pode ter diferentes significados dependendo do que a cerca ou do contexto em que ela se encontra. Se eu digo a palavra "manga" sem um contexto, você fica sem saber se estou me referindo à fruta manga ou à manga de uma camisa. Quando dizemos que uma pessoa pegou nossas palavras "fora de contexto", sabemos que o significado dessas palavras foi mal interpretado, porque o contexto determina o que todas as coisas significam. O fluxo de significado é o fluxo da vida. Nosso contexto determina a maneira como iremos interpretar o que nos acontece e essas interpretações tornam-se nossa experiência.

Finalmente, chegamos a uma definição mais completa da alma. *A alma é o observador que interpreta e faz escolhas baseadas no carma; ela também é uma confluência de relacionamentos, dos quais emergem contextos e significado, e é esse fluxo de contexto e significado que cria a experiência.* Por conseguinte, é através da alma que criamos a nossa vida.

Nossas histórias derivam de relacionamentos, contextos e significados desencadeados através da memória, que surgem do carma e da experiência. À medida que vivemos essas histórias, começamos a perceber que elas não são originais. Embora os detalhes delas variem de pessoa para pessoa, os temas e os assuntos são intermináveis, arquétipos básicos que se repetem infinitamente: heróis e vilões, o pecado e a redenção, o divino e o diabólico, a sensualidade proibida e o amor incondicional. Esses são os mesmos temas que mantêm muitas pessoas fascinadas pelas novelas da televisão, colunas de fofocas e tabloides escandalosos, onde são expressados de uma forma levemente exagerada. Ficamos fascinados porque podemos identificar alguns aspectos da nossa alma nessas histórias. Trata-se dos mesmos arquétipos que são representados de modo exagerado nas mitologias, de maneira que independentemente de examinarmos a mitologia indígena, grega ou egípcia, encontraremos os mesmos temas e assuntos. O drama nessas histórias é mais irresistível e dramático do que a ficção porque repercutem na nossa alma.

Podemos agora aprimorar ainda mais a definição da alma. *A alma é a confluência de significados, contextos, relacionamentos e histórias míticas ou temas arquetípicos que dão origem aos pensamentos, memórias e desejos do dia a dia (condicionados pelo carma) que criam as histórias das quais participamos.*

No caso de quase todas as pessoas, essa participação nas histórias da nossa vida acontece automaticamente, sem que o percebamos de forma consciente. Vivemos como atores de uma peça que só recebem uma fala de cada vez, representando nosso papel sem entender a história toda. Mas quando você entra em contato com a sua alma, enxerga o roteiro inteiro do drama. Você compreende. Continua a tomar parte na história, mas agora participa alegre, completa e conscientemente. Você pode fazer escolhas baseadas no conhecimento e nascidas da liberdade. Cada momento adquire uma qualidade mais profunda oriunda do reconhecimento do que ele significa no contexto da sua vida.

Ainda mais emocionante é o fato de que somos capazes de reescrever a peça ou modificar nosso papel aplicando a intenção, aproveitando as oportunidades que surgem da coincidência e sendo leais ao chamado de nossa alma.

4
A INTENÇÃO

Tudo que acontece no universo começa com a intenção. Essa intenção sempre surge na mente não local ou universal, mas se torna localizada através da mente individual e, quando isso acontece, se transforma na realidade física.

Na verdade, a realidade física não existiria não fosse a nossa intenção. A intenção ativa a correlação não local, sincronizada no cérebro. Sempre que existe uma cognição ou percepção da realidade física, as regiões desiguais do cérebro exibem um "confinamento da fase e da frequência" dos padrões de disparo de neurônios unitários em diferentes partes do cérebro. Trata-se de uma sincronização não local ao redor de uma frequência de quarenta hertz (quarenta ciclos por segundo). Essa sincronização é uma exigência da cognição. Sem ela, não veríamos uma pessoa como uma pessoa, uma casa como uma casa, uma árvore como uma árvore ou um rosto em uma fotografia como um rosto. Talvez percebêssemos apenas pontos brancos e pretos, linhas esparsas, manchas de luz e sombra. Na verdade, os objetos da nossa percepção são registrados no cérebro apenas como sinais eletromagnéticos do tipo liga-desliga. A sincronização organizada pela intenção converte pontos e nódoas, linhas esparsas, descargas elétricas, padrões de luz e sombra em uma totalidade, uma gestalt que cria uma imagem do mundo como uma experiência subjetiva. O mundo não existe como imagens, mas apenas como manchas de impulsos liga-desliga, pontos e nódoas, códigos digitais de disparos elétricos aparentemente aleatórios. A sincronização através da intenção os organiza em uma experiência no cérebro – um som, uma textura, uma forma, um sabor e um odor. Você, na condição de inteligência não local, "rotula" essa experiência e, de repente, tem lugar a criação de um objeto material na consciência subjetiva.

Todo aprendizado, lembrança, raciocínio, dedução de inferências e atividade motora são precedidos pela intenção. Ela é a base da criação.

Os antigos textos védicos conhecidos como Upanishads declaram: "Você é o seu desejo mais profundo. Como é o seu desejo, assim é a sua intenção. Como é a sua intenção, assim é a sua vontade. Como é a vontade, assim é a sua ação. Como é a sua ação, assim é o seu destino." Nosso destino, em última análise, é proveniente do nível mais profundo do desejo e também do nível mais profundo da intenção. Os dois estão intimamente ligados um ao outro.

O que *é* intenção? A maioria das pessoas diz que é um pensamento de algo que queremos realizar na vida ou que desejamos para nós mesmos, mas na verdade ela é mais do que isso. A intenção é uma maneira de satisfazer uma necessidade que temos, seja de coisas materiais, de um relacionamento, da realização espiritual ou de amor. A intenção é o pensamento que nos ajudará a satisfazer uma necessidade. E a lógica é que, quando satisfizermos essa necessidade, seremos felizes.

Quando as coisas são vistas dessa maneira, a meta de todas as nossas intenções é sermos felizes ou realizados. Poderemos perceber, portanto, que a meta suprema, que se sobrepõe a todas as outras, é uma realização no nível espiritual, que chamamos de felicidade, alegria ou amor.

Quando a intenção se repete, o hábito é criado. Quanto mais ela se reproduz, mais provável é que a consciência universal crie o mesmo padrão e manifeste a intenção no mundo físico.

Somente com pensamentos repetidos o impossível pode se tornar possível por meio da intenção da mente não local.

O essencial A REALIZAÇÃO ESPONTÂNEA DO DESEJO

A mente não local que existe em você é igual à mente não local que existe em mim, ou, para dizer a verdade, em um rinoceronte, em uma girafa, em um pássaro ou em uma minhoca. Essa mente não local, essa consciência pura, é o que nos confere a sensação do "eu", o "eu" que diz: "Eu sou Deepak", o "eu" que diz "Eu sou um pássaro", o "eu" que diz quem você é ou quem você acredita ser. Essa consciência universal é o único "eu" que existe. No entanto, esse único "eu" universal se diversifica, se transforma em um número quase infinito de observadores e observados, dos que veem e o cenário, de formas orgânicas e formas inorgânicas – todos os seres e objetos que formam o mundo físico. Esse hábito da consciência universal de se diversificar e se transformar em consciências particulares é anterior à interpretação. Desse modo, antes de o "eu sou" dizer: "Eu sou Deepak", uma girafa ou uma minhoca, ele é simplesmente "eu sou". O potencial criativo infinito do "eu" dispõe o "eu" comum no "eu" que é você, ou eu, ou qualquer outra coisa no universo.

Esse conceito é idêntico ao dos dois níveis da alma, a alma universal e a alma individual, porém inserido em um contexto pessoal. Na condição de seres humanos, estamos acostumados a pensar no nosso eu individual como "eu", sem notar ou reconhecer o "eu" maior, universal, que também é chamado de alma universal.

O uso da palavra "eu" é meramente um ponto de referência engenhoso que usamos para localizar o nosso ponto de vista único dentro da alma universal. Mas, quando nos definimos apenas como um "eu" individual, perdemos a habilidade de levar a imaginação além dos limites do que é tradicionalmente considerado possível. No "eu" universal, todas as coisas não apenas são possíveis, como já existem, exigindo apenas que a intenção as faça sucumbir em uma realidade no mundo físico.

A diferença entre a mente local e a não local é a diferença entre o ordinário e o extraordinário. A mente local é pessoal e individual para cada um de nós. Ela sustenta o ego, o "eu" autodefinido que vaga pelo mundo como escravo dos nossos hábitos condicionados. Em virtude da sua própria natureza, a mente local nos separa do restante da criação.

A mente não local, por outro lado, é pura alma ou espírito, conhecida como consciência universal. Ela opera fora dos limites normais do espaço e do tempo, sendo a grande força organizadora e unificadora do universo, cuja amplitude e duração são infinitas. Ela nos permite usar a imaginação além dos limites do que a mente local enxerga como "possível", ter pensamentos inovadores e acreditar em milagres.

A intenção é sempre proveniente da esfera universal. Em última análise, é a intenção universal que satisfaz a intenção local, desde que ela atenda às necessidades da mente local (eu) e a mente não local (o espírito universal). Somente então as duas mentes, a local e a não local, cooperarão uma com a outra. Há em jogo, no entanto, um fator desconcertante. Existem bilhões de seres humanos e trilhões de outras entidades no planeta, todos com intenções locais.

Em todos os lugares, cada organismo poderia estar pensando: "A intenção é minha!" Cada um acredita que é o seu "eu" local pessoal que está fazendo uma coisa, mas no plano maior, todas essas diferentes mentes locais estão, na verdade, surgindo juntas e cocriando umas às outras, através da intenção da mente não local. As árvores precisam respirar para que eu possa respirar. Os rios precisam fluir para que o meu sangue possa circular. No final, existe apenas um único "eu" exuberante, abundante, eterno, rítmico e inseparável. Toda separação é uma ilusão.

Estamos de tal modo apegados ao nosso "eu" local, individual e pessoal que não percebemos a magnificência que jaz além dele. A ignorância é a percepção restrita. Para poder notar uma coisa, temos que deixar de ver todo o resto. É assim que o não local torna-se local. Quando percebo uma coisa, deixo de notar tudo que está em volta dela, o que não obstante contribui para a existência dela e é, portanto, parte dela. Quando o "eu" que é o meu ego observa, só observa o particular e não toma conhecimento do universal. Mas quando "eu", o espírito, olha, vê o fluxo do universo que torna possível o particular.

A intenção coordena infinitas possibilidades. Você poderá se perguntar qual o tipo de intenção é a ideal. O que você perguntaria se a sua intenção pudesse ser consumada neste exato momento?

Poderíamos muito bem fazer a seguinte pergunta para cada intenção: "De que maneira isso me será benéfico e favorecerá todos aqueles com quem entro em contato?" Se a resposta for que a minha intenção criará uma verdadeira alegria e realização em mim e em todos os que forem afetados pelas minhas ações, essa intenção, ao lado da entrega à mente não local, coordena sua própria consecução.

Lembre-se de que os seus pensamentos não devem estar em conflito com os desígnios do universo. Desejar ganhar na loteria pode ampliar o seu sentimento de estar separado do universo. Com frequência os ganhadores da loteria declaram que além de ocorrer um afastamento dos amigos e da família, eles deixam de se sentir felizes. Você se aliena quando o dinheiro passa a ser sua única meta.

Como saber qual das intenções tem a probabilidade de se consumar? A resposta reside em prestar atenção às dicas fornecidas pela mente não local. Observe as coincidências da sua vida, porque elas são mensagens. Elas são dicas de Deus, do espírito ou da realidade não local, insistindo em que você se liberte do condicionamento cármico, dos padrões familiares de pensamento. Elas estão lhe oferecendo a oportunidade de entrar em uma esfera de percepção consciente na qual você sente que a inteligência infinita, que é o seu manancial, o ama e se importa com você. As tradições espirituais chamam essa situação de estado de graça.

5
O PAPEL DA COINCIDÊNCIA

Falar a respeito das coincidências como mensagens em código da inteligência não local faz a vida parecer um romance de mistério. Preste atenção, fique atento a pistas, decifre o significado delas, e a verdade acabará sendo revelada. De muitas maneiras, isso é exatamente o que acontece. Afinal de contas, a vida é o mistério supremo.

O que torna a vida misteriosa é o fato de o nosso destino parecer oculto de nós, e somente no fim da vida estaremos em posição de olhar para trás e observar o caminho que seguimos. Quando considerada em retrospecto, a narrativa da nossa vida parece perfeitamente lógica. Podemos facilmente seguir a linha de continuidade sobre a qual reunimos nossas experiências. Mesmo agora, não importa o ponto em que você esteja na vida, olhe para trás e observe a naturalidade com que a sua vida fluiu de um marco importante para outro, de um lugar ou emprego para outro, de um conjunto de circunstâncias para outro completamente diferente. Repare como tudo poderia ter corrido com desembaraço e tranquilidade se você soubesse a direção que o seu caminho estava seguindo. Quase todo mundo olha para trás e pergunta: "Com o que eu me preocupava tanto? Por que fui tão duro comigo mesmo ou com meus filhos?"

Se fôssemos capazes de viver no nível da alma o tempo todo, não seria necessária a percepção tardia para que pudéssemos apreciar as grandes verdades da vida. Nós as saberíamos de antemão. Participaríamos da criação das aventuras da nossa vida. O caminho seria claramente marcado e não precisaríamos de indicações, pistas ou coincidências.

No entanto, a maioria de nós não vive no nível da alma, de modo que precisamos depender das coincidências para que nos mostrem a vontade do universo. Todos já experimentamos coincidências na vida. A própria palavra *coincidência* descreve perfeitamente o seu significado: *co* significa "com", e *incidência* quer dizer "ocorrência". Assim sendo, a palavra *coincidência* se refere a ocorrências ou incidentes que têm lugar *com* outros incidentes – dois ou mais eventos que ocorrem ao mesmo tempo. Como a experiência das coincidências é universal, a maioria das pessoas as têm como certas, os pequenos momentos extraordinários da vida com os quais nos maravilhamos e a seguir rapidamente esquecemos.

As coincidências são muito mais do que mera diversão. A coincidência é uma pista da intenção do espírito universal e como tal é plena de significado.

O que *é* o significado em uma coincidência? A sua parte mais profunda já sabe a resposta a essa pergunta, mas essa percepção precisa ser trazida à superfície. O significado não deriva da coincidência em si, e sim de você, da pessoa que está tendo a experiência.

É fácil ter uma intenção, tão fácil quanto formular um desejo. Tornar-se mais espiritual é difícil. Muitas pessoas que se consideram espirituais ainda não estão em contato com o vasto oceano da força espiritual. Em vez disso, nadam na superfície desse oceano, sem jamais mergulhar para descobrir as profundezas dessa experiência universal.

OS MILAGRES NO MUNDO REAL

Os milagres são fenômenos reais. Todas as tradições tratam da existência dos milagres, mas cada uma delas usa uma linguagem diferente. Rotulamos os eventos de milagres quando um resultado desejado se manifesta de um modo dramático. Queremos ficar curados de uma terrível doença, obter riqueza material ou encontrar um propósito. Quando esses eventos ocorrem, nós os consideramos milagrosos. Alguém tem uma intenção, um desejo ou um pensamento, e a seguir a coisa acontece. O milagre, portanto, é um exemplo muito dramático do que ocorre quando uma pessoa é capaz de entrar em contato com a esfera espiritual e empregar a intenção para manifestar seu destino.

Vou dar um exemplo de uma extraordinária coincidência. David estava apaixonado por uma mulher chamada Joanna. Ele a amava profundamente, mas hesitava um pouco em assumir um compromisso e se casar. Finalmente, decidiu levar Joanna a um parque e pedi-la em casamento. Ele ainda estava em dúvida com relação a se comprometer, mas quando acordou naquela manhã sentiu-se tomado por uma sensação de paz, pelo sentimento de que tudo iria dar certo. David preparou a toalha do piquenique e justo quando estava criando coragem para fazer o pedido, um avião passou no céu arrastando uma faixa. Joanna olhou para cima e disse: "Gostaria de saber o que está escrito naquela faixa." Sem pensar, David deixou escapar: "A faixa diz: 'JOANNA, CASE-SE COMIGO.'" Eles olharam com mais atenção e de fato as palavras JOANNA, CASE-SE COMIGO estavam escritas na faixa. Ela caiu nos braços dele, eles se beijaram, e naquele momento David teve certeza de que se casar com ela era a coisa certa a fazer. No dia seguinte, eles leram no jornal da cidade que um homem tinha contratado um avião de propaganda que deveria sobrevoar o parque com uma faixa na qual ele pedia a namorada, Joanna, em casamento; por acaso, no momento certo para David, o avião estava bem em cima deles. Essa extraordinária coincidência foi uma pista para o futuro de David, um milagre. Os dois continuam casados e felizes até hoje.

Quando você começa a encarar as coincidências como oportunidades na vida, cada coincidência torna-se significativa; passa a ser uma oportunidade para a criatividade; e transforma-se em uma oportunidade para que você venha a ser a pessoa que o universo tencionava que você fosse.

Essa é a verdade suprema do sincrodestino, ou seja, a soma total do universo está conspirando para criar seu destino pessoal. Para fazer isso, ele usa as "conexões não locais acausais". O que são conexões acausais? Se examinarmos profundamente todos os diferentes incidentes na nossa vida, perceberemos que eles têm uma história urdida junto com um destino pessoal. *Acausal* significa que os incidentes estão ligados uns aos outros, mas sem um relacionamento direto de causa e efeito, pelo menos superficialmente. A palavra *acausal* deriva de uma expressão latina que significa "sem causa".

Não podemos nem mesmo imaginar as complexas forças que estão por trás de cada evento que tem lugar na nossa vida. Existe uma conspiração de coincidências que tece a teia do carma ou destino, e cria a vida individual de cada pessoa – a minha ou a sua. A única razão pela qual não experimentamos o sincronismo na vida do dia a dia é que não vivemos a partir do nível no qual ele está acontecendo. No geral, vemos apenas relacionamentos de causa e efeito, trajetórias lineares. No entanto, debaixo da superfície, algo mais está ocorrendo. Invisível para nós, existe toda uma rede de conexões. Quando ela se torna aparente, percebemos como as nossas intenções estão urdidas nessa rede, que é muito mais voltada para o contexto, muito mais relacional, holística e muito mais confortante do que nossa experiência superficial.

De acordo com um poema de Rumi, um dos meus poetas e filósofos prediletos: "Esta não é a verdadeira realidade. A verdadeira realidade está atrás da cortina. Na verdade, não estamos aqui. Esta é a nossa sombra." O que experimentamos como a realidade do dia a dia nada mais é do que um teatro de sombras projetadas sobre uma tela. Atrás da cortina há uma alma viva, dinâmica e imortal que está além do alcance do espaço e do tempo. Ao agir a partir desse nível, podemos influenciar conscientemente nosso destino. Isso acontece através da *sincro*nização de relacionamentos aparentemente *acausais* que moldam um *destino* – daí, o sincrodestino. Nele, participamos conscientemente da criação da nossa vida ao compreender o mundo que está além dos sentidos, o mundo da alma.

A COINCIDÊNCIA DO UNIVERSO

Nada, absolutamente nada, existiria não fosse um extraordinário conjunto de coincidências. Li certa vez o artigo de um físico descrevendo o Big Bang que deu origem ao universo. Naquele momento, o número de partículas criadas foi ligeiramente maior do que o de antipartículas. As partículas e as antipartículas então colidiram e aniquilaram umas às outras, inundando o universo de fótons. Devido ao desequilíbrio inicial, restaram algumas partículas depois da aniquilação, que criaram o que conhecemos como mundo material. Você, eu e o resto do universo, inclusive as estrelas e as galáxias, são um material que sobrou do momento da criação. O número total de partículas restantes foi 10^{80} (o número 1 seguido de 80 zeros). Se o número de partículas tivesse sido ligeiramente maior, as forças gravitacionais teriam obrigado o jovem universo a sucumbir sobre si mesmo, formando um enorme buraco negro, o que significaria que você, eu, as estrelas e as galáxias simplesmente não existiriam. Se o número de matérias-partículas tivesse sido levemente menor, o universo teria se expandido tão rápido que não teria havido tempo para as galáxias se formarem como o fizeram.

O desenvolvimento do carbono e do oxigênio, essenciais para a criação dos organismos biológicos, exigiu que muitas coincidências tivessem lugar e continuassem a ocorrer a partir do momento do Big Bang. O fato de você e eu, bem como o universo com as suas estrelas, galáxias e planetas existirmos é um evento altamente improvável! Uma completa coincidência. Um milagre que recua aos primórdios do tempo.

A ATENÇÃO E A INTENÇÃO

A consciência coordena a própria atividade em resposta tanto à atenção quanto à intenção. Se voltamos a atenção para alguma coisa, ela se energiza. Se a retiramos, ela definha. Por outro lado, como já vimos, a intenção é a chave da transformação. Poderíamos dizer então que a atenção ativa o campo de energia e a intenção ativa o campo de informação, que causa a transformação.

Temos no mundo físico muitas maneiras diferentes de obter informações: os jornais, livros, a televisão, o rádio, as conversas ao telefone celular, os rádios de ondas curtas. Todas essas maneiras de entrar em contato com vários tipos de informação, além de muitas outras, estão imediatamente disponíveis para nós. Podemos simplesmente entrar em sintonia com elas por meio do mecanismo sensorial, olhando, ouvindo, sentindo, cheirando e provando o ambiente que nos cerca. Mas se quisermos entrar em contato com as informações no nível da alma, precisamos obtê-las de um jeito diferente.

Não voltamos normalmente a atenção para essa dimensão invisível, mas tudo o que acontece no mundo visível tem origem nela. Todas as coisas estão conectadas. No mundo espiritual, essas conexões tornam-se visíveis, mas no mundo físico, apenas vislumbramos as ligações nas pistas que nos são fornecidas por meio da coincidência. À medida que a atenção cria energia, a intenção promove a transformação dessa energia. A atenção e a intenção são as ferramentas mais poderosas do adepto da espiritualidade. Elas ativam a atração de um certo tipo de energia e de informação.

Assim sendo, quanto mais você prestar atenção às coincidências, mais atrairá outras, o que o ajudará a esclarecer o significado delas. Voltar a atenção para a coincidência atrai a energia e, a seguir, fazer a pergunta: "Qual o significado dela?" atrai a informação. A resposta poderá surgir como uma ideia nova, um sentimento intuitivo, um encontro ou um novo relacionamento. Você poderá experimentar quatro coincidências aparentemente não relacionadas e depois assistir ao noticiário noturno na televisão e ter uma ideia. Heureca! Agora entendo o que elas queriam dizer! Quanto mais atenção você dedicar às coincidências e quanto mais procurar descobrir o seu sentido, com mais frequência elas acontecerão e mais claro será o seu significado. Quando você consegue perceber e interpretar as coincidências, o seu caminho em direção à realização começa a ficar visível.

Na experiência da maioria das pessoas, o passado reside apenas na memória e o futuro, na imaginação. No entanto, no nível espiritual, o passado, o futuro e as diferentes probabilidades da vida existem simultaneamente. Tudo acontece ao mesmo tempo.

ALIMENTANDO A COINCIDÊNCIA

Sabemos agora que colocar a atenção nas coincidências atrai um número maior delas e aplicar a intenção revela o seu significado. Desse modo, as coincidências tornam-se pistas para a vontade do universo, oferecendo-nos uma maneira de perceber o seu sincronismo e tirar vantagem das oportunidades ilimitadas da vida.

As pessoas sensíveis aos eventos e aos estímulos que as cercam conseguirão perceber as coincidências enviadas pelo universo. As pistas que recebemos nem sempre virão pelo correio ou em uma cena rápida na televisão (embora às vezes isso aconteça). As pistas podem ser sutis como o cheiro da fumaça de um cachimbo soprando por uma janela aberta, o que o faz pensar no seu pai, que o faz pensar em um livro que ele adorava, que a seguir, de algum modo, vem a desempenhar um papel importante na sua vida no momento.

Quando surgir uma coincidência, não deixe de dar atenção a ela. Pergunte aos seus botões qual a mensagem que ela encerra e qual seu significado. Você não precisa fazer um grande esforço para descobrir as respostas. Faça a pergunta e elas surgirão. Podem aparecer como uma ideia repentina, uma experiência criativa espontânea ou podem se manifestar como algo muito diferente. Talvez você encontre uma pessoa que esteja, de algum modo, relacionada com a coincidência que ocorreu. Um encontro casual, um relacionamento, uma situação, uma circunstância imediatamente lhe fornecerão uma pista do significado dela. "Ah, então era isso!"

Outra coisa que você pode fazer para alimentar a coincidência é manter um diário de coincidências na sua vida. Após passar anos fazendo anotações, classifico as coincidências como pequenas, médias, extraordinárias e duplamente extraordinárias. No caso de algumas pessoas, a maneira mais fácil é manter um diário comum e sublinhar ou realçar palavras ou frases que aparecem como coincidências. Já outras pessoas preferem um diário especial só para coincidências. Elas começam uma nova página para cada coincidência importante e a seguir anotam nessas páginas quaisquer outras conexões com esse evento.

Permaneça portanto sensível; observe as coincidências que ocorrem na sua vida no decorrer do dia e à noite, nos seus sonhos; e preste uma atenção especial a qualquer coisa que viole a amplitude da probabilidade, a possibilidade estatística de um evento no espaço-tempo.

É claro que a vida pode ser difícil e cada um de nós tem responsabilidades e obrigações cotidianas que podem se tornar opressivas. As coincidências podem vir voando de todos os cantos na sua direção ou podem parecer se extinguir totalmente. Como encontrar o seu caminho em um mundo tão complexo? Sente-se em silêncio todos os dias durante cinco minutos. Nesse período, faça as seguintes perguntas à sua atenção e ao seu coração: "Quem sou eu? O que quero que aconteça na minha vida? O que quero da minha vida hoje?" A seguir, relaxe e deixe que o fluxo de consciência, a sua voz interior mais tranquila, forneça as respostas. Passados cinco minutos, anote-as. Faça isso todos os dias e ficará surpreso com a forma pela qual as situações, circunstâncias, eventos e pessoas se organizarão em torno das respostas. Esse é o início do sincrodestino.

Para algumas pessoas, pode ser difícil responder a essas perguntas pela primeira vez. Muitos de nós não estamos acostumados a pensar em função de nossas carências e necessidades e, quando o fazemos, certamente não esperamos satisfazê-las. Se você ainda não definiu por si mesmo a meta da sua vida, o que fazer então? Seria proveitoso que o universo nos fornecesse uma grande pista ou uma bússola gigante, se você preferir, que aponte para a direção que deveríamos estar seguindo. Na verdade, a bússola existe. Para encontrá-la, basta olhar dentro de nós mesmos para o mais puro desejo de nossa alma, o sonho que ela tem para a nossa vida. Ao descobrir esse desejo e compreender a natureza fundamental dele, passamos a ter um norte permanente, que podemos manifestar sob a forma de símbolos arquetípicos.

6

DESEJOS E ARQUÉTIPOS

Chegamos agora à essência do sincrodestino. Descobrimos a natureza dual da alma e compreendemos que somos parte integrante da inteligência não local, exatamente como a onda é parte do oceano. Aprendemos a perceber o sincronismo em todas as coisas, a matriz que nos liga à origem do universo. Aprendemos a valorizar as coincidências como mensagens da inteligência não local que nos mostra a direção do nosso destino e sabemos que a intenção pode influenciar esse rumo. Todas essas revelações são fundamentais para que possamos viver uma vida realizada, mas quando buscamos orientação para saber como construir a vida cotidiana, ainda precisamos responder à pergunta central do eu. Quais são os meus sonhos e desejos? Quem sou eu? O que quero? Qual o meu propósito nesta vida?

Sabemos que os relacionamentos, significados e contextos mais profundos derivam da alma, e a nossa aspiração, essa coisa grandiosa, maravilhosa e mítica que ansiamos por fazer, também provém essencialmente da alma. A alma individual não se realizará no período que passamos na Terra se não completar a sua busca mítica, que podemos considerar o Grande Plano ao redor do qual nosso destino está organizado. Dentro de cada ser humano, existe um tema abrangente, um padrão para a vida heroica, um deus ou deusa embrionário que anseia por nascer. Esse é aquele que fomos feitos para ser, o eu que negamos a nós mesmos porque a maioria de nós não consegue enxergar o potencial ilimitado que se abre à nossa frente. Ele é o nosso melhor eu, o eu desprovido de ego, o pedacinho do universo que atua através de nós para o bem do todo.

As pessoas que vivem uma vida comum e mundana não entraram em contato com o ser mítico que existe dentro delas. Você pode preparar o caminho para a iluminação entendendo o plano escrito na sua alma, alimentando os relacionamentos que conferem a você contexto e significados, e encenando o seu drama mítico. Essa atitude dá origem ao amor e à compaixão, à realização e à consumação.

Essas histórias míticas, os heróis e heroínas interiores são chamados de arquétipos. Eles são temas perenes que residem no nível da alma coletiva, universal. Esses temas são representações dos anseios, da imaginação e dos desejos mais profundos da alma coletiva. Esses temas sempre existiram. Nós os vemos nas obras das culturas da antiguidade e na literatura através dos séculos. A forma deles muda dependendo de onde nos situamos na história, mas a essência permanece a mesma.

Os arquétipos nascem da alma coletiva, mas são encenados por almas individuais. Os dramas míticos delas têm lugar diariamente no mundo físico. Podemos olhar para Marilyn Monroe e ver facilmente a personificação de Afrodite, uma deusa do sexo e da beleza. Podemos ver Robert Downey Jr. como a encarnação de Dionísio ou Baco, o espírito indomado e amante dos prazeres. A princesa Diana era Ártemis, a guerreira não conformista, selvagem, quebradora de regras e destemida, que luta por aquilo em que acredita.

Todo ser humano está em sintonia com um, dois ou três arquétipos. Cada um de nós está intrinsecamente programado, no nível da alma, para encenar ou modelar características arquetípicas. A ativação de um arquétipo libera as forças modeladoras dele que possibilitam que nos tornemos mais intensamente o que já estamos destinados a ser. Os arquétipos individuais também estão refletidos nos nossos desejos ou intenções. Assim sendo, quem sou eu? O que quero? Qual o propósito da minha existência? No nível mais profundo, essas perguntas são feitas à alma. E para descobrir as respostas, precisamos falar com a parte da alma que é exclusivamente nossa. E à medida que fazemos isso, aprendemos a definir nossos arquétipos individuais.

Vivemos em uma sociedade que é de tal modo voltada para os objetivos que tudo precisa ter um rótulo, mas essa tendência não é tão útil quando exploramos a natureza da alma. Se você se rotula, fica preso, como uma borboleta capturada em um frasco. Adotar um arquétipo não é rotular porque não envolve limitações. Muito pelo contrário. Os arquétipos são modelos de vida, imagens e ideias que norteiam a sua vida em direção ao destino supremo da sua alma. Reconhecer sua verdadeira natureza e permitir que ela floresça faz par-te da beleza de viver a partir do nível da alma; você se torna o herói ou a heroína de uma saga mítica.

Você só pode começar a conhecer seus arquétipos e seu destino entrando em contato com a vontade da alma universal, olhando profundamente dentro de si mesmo e definindo seus desejos mais íntimos, escolhendo o arquétipo que mais combina com as suas intenções e seguindo os antiquíssimos padrões dele.

O PROPÓSITO DOS ARQUÉTIPOS

A descoberta dos arquétipos é uma experiência altamente pessoal. Ninguém é capaz de olhar para você, mesmo que o conheça bem, e dizer: "Oh, você é esse arquétipo." A ciência védica, a antiga tradição de sabedoria da Índia, diz que a não ser que possamos entrar em contato com esse deus ou deusa embrionário que existe latente dentro de nós, a não ser que deixemos esse embrião nascer plenamente, a nossa vida será sempre mundana. No entanto, assim que esse deus ou deusa se expressar através de nós, faremos coisas grandiosas e maravilhosas.

Os arquétipos são vitais para que possamos compreender e definir quem somos, expressões individuais de uma consciência coletiva. A mitologia é o manancial da nossa civilização. Sempre que alguém faz uma coisa extraordinária, ou seja, quando os astronautas pisam na Lua, um piloto realiza o primeiro voo solo através do Atlântico, estamos diante de uma aventura mítica; Jasão em busca do Velocino de Ouro, Ícaro voando com suas asas coladas com cera. Temos no rapto de Perséfone por Plutão, em Orfeu em busca da noiva entre as sombras de Hades, em Apolo, em Krishna e em todas as histórias da mitologia celta, o mais profundo manancial de civilização e identidade.

Os arquétipos são encenados por pessoas como Mahatma Gandhi, Martin Luther King Jr., Rosa Parks; por qualquer pessoa que transcenda a vida cotidiana e penetre a esfera do extraordinário. Elas são capazes de alcançar a grandeza porque entraram em contato com a consciência coletiva, que lhes conferiu a capacidade de enxergar simultaneamente várias linhas de eventos e prever o futuro baseadas em escolhas do momento. Dizem que quando Mahatma Gandhi foi atirado para fora do trem em Durban, na África do Sul, ele fechou os olhos e viu o Império britânico desmoronando do outro lado do mundo. Esse episódio mudou o curso da história.

DESCOBRINDO SEUS ARQUÉTIPOS

O processo de encontrar um arquétipo deve ser alegre. Não fique preocupado com a possibilidade de não fazer uma escolha sábia. Como os arquétipos emanam da consciência coletiva, todos estão presentes em cada um de nós. No entanto, alguns deles estão mais fortemente representados. A sua meta é encontrar um, dois ou até mesmo três arquétipos que se harmonizem mais intensamente com você, aqueles que representam o seu coração. Não escolha quem você deseja ser, ou mesmo as qualidades que mais admira; procure, em vez disso, as qualidades pelas quais você se sente atraído, que o motivam, que lhe servem de inspiração. Você as reconhecerá ao encontrá-las. O melhor de tudo é que não existem respostas erradas.

Escreva os seus três símbolos ou arquétipos. A seguir, comece a reunir trabalhos artísticos, fotos, símbolos ou joias que o lembrem desse arquétipo. Algumas pessoas criam um pequeno altar para eles e o escolhem como o lugar onde concentram a busca do eu. Se as principais qualidades dos seus arquétipos puderem ser expressas em palavras ou frases, anote-as em um pedaço de papel para ter algo que o faça lembrar-se deles. Pelo menos uma vez por dia, de preferência após a meditação, olhe para esses lembretes e faça-lhes, em silêncio, um convite: "Por favor manifestem-se e expressem-se através de mim." Deixe que eles sejam um lembrete da inspiração da sua vida. Quando se sentir perdido ou perturbado no mundo, eles serão a bússola que o conduzirá de volta ao seu verdadeiro eu.

segunda parte

PREPARANDO O CAMINHO DO DESTINO

# 7
A MEDITAÇÃO E OS MANTRAS

A ferramenta mais poderosa que temos para aprender a viver o sincrodestino, para ver os padrões conectivos do universo, para fazer milagres a partir dos nossos desejos, é a meditação. Ela possibilita que coloquemos a atenção e a intenção nesses planos mais sutis, conferindo-nos o acesso a todas as informações e energia invisíveis e intocadas.

Se sua médica lhe recomendasse que caminhasse vinte minutos duas vezes por dia e lhe dissesse que essas caminhadas por si só o fariam ter boa saúde, paz de espírito, mais sucesso na vida pessoal e profissional, além de deixá-lo livre das preocupações, você seguiria as instruções dela? Quase todo mundo pelo menos faria uma tentativa. A recomendação do sincrodestino é meditar quinze ou vinte minutos duas vezes por dia, seguidos por um momento no qual você faz um convite aos seus arquétipos. Se fizer o que estou sugerindo duas vezes por dia, começará a presenciar uma transformação na sua vida. Fora isso, comporte-se como sempre fez antes. Medite pela manhã, leve o seu dia como de costume e medite novamente à noite. Essa simples providência fará com que você comece a transformar sua vida e criar os milagres que deseja.

A meditação é um processo simples, porém, difícil de descrever, mas que se torna muito fácil quando você começa a praticá-la regularmente. Apresentarei aqui os fundamentos da meditação para que você possa aplicar com sucesso os princípios do sincrodestino descritos no restante do livro.

COMO MEDITAR

A nossa mente está constantemente ativa, sempre saltando de pensamento para pensamento, de emoção para emoção. Entrar em contato com a inteligência não local, a alma universal que jaz dentro de nós e é parte de todos nós, exige que encontremos um caminho além da névoa dos pensamentos perturbadores que de forma característica a esconde de nós. Não podemos forçar o caminho através dessa barreira, assim como não podemos fazê-lo através de uma cerração de verdade. Se quiser enxergar o outro lado da rua em um dia nebuloso, nada que você possa fazer fisicamente irá ajudar. Você precisa esperar, com calma e paciência, até que o nevoeiro fique menos denso e se dissipe sozinho. De vez em quando, surgirá um trecho claro e você conseguirá vislumbrar o que está à frente. O mesmo é verdadeiro com relação aos nossos pensamentos. Se ficarmos quietos, encontraremos momentos de puro silêncio, que eu chamo de "intervalos" de pensamento, e, através deles, podemos vislumbrar o nível mais profundo da alma. Cada vislumbre aumenta nosso discernimento e, finalmente, nossa consciência se expande.

O objetivo da meditação é interromper o pensamento durante algum tempo, esperar que a névoa de pensamentos se torne menos densa e vislumbrar o espírito interior. Para a maioria das pessoas, é difícil controlar o fluxo de pensamentos. Os iniciantes podem às vezes ficar muito frustrados, mas a frustração é apenas outro pensamento, outra emoção que atrapalha. A meta é abandonar de um modo tranquilo e passivo todos os pensamentos.

Uma maneira comum de começar a meditação é concentrar-se delicadamente em alguma coisa para que os pensamentos erradios tenham mais dificuldade em penetrar a mente. Gosto de iniciar com a meditação da respiração.

Para começar a meditar, sente-se em uma cadeira confortável com os pés plantados no chão. Ponha as mãos no colo com a palma voltada para cima. Feche os olhos e comece a prestar atenção à respiração. Observe o ar entrar e sair sem tentar controlá-lo. Poderá notar que a sua respiração se torna espontaneamente mais rápida ou mais lenta, mais profunda ou superficial, podendo até se interromper por alguns instantes. Observe as mudanças sem resistência ou expectativas. Sempre que a sua atenção se desviar da respiração e se fixar em um som no ambiente, uma sensação no corpo ou um pensamento, leve-a de volta, delicadamente, para a respiração.

Essa é a base da meditação. Tão logo a pessoa se sentir à vontade com o fato de ficar sentada tranquilamente concentrando-se na respiração, recomendo a inclusão de um mantra, para criar um ambiente mental que possibilite a expansão da consciência.

MANTRAS

A palavra *mantra* encerra dois componentes: *man*, que é o som fundamental da palavra *mente*, e *tra*, que é o som fundamental da palavra *instrumento*. Assim sendo, a palavra *mantra* literalmente significa um instrumento da mente. A antiga tradição de sabedoria do Vedanta examinava os diversos sons produzidos na natureza, as vibrações fundamentais do mundo que nos cerca. Segundo o Vedanta, esses sons são uma expressão da mente infinita ou cósmica e fornecem a base para toda a linguagem humana.

Sabemos que o universo manifestado, que parece ser formado por objetos sólidos, é na verdade composto por vibrações, com os diferentes objetos vibrando em frequências distintas.

Diz-se que os videntes da antiguidade ouviam essas vibrações do universo quando meditavam profundamente. Todos podemos escutar, em qualquer momento, essas mesmas vibrações. É muito simples. Se acalmar sua mente e se sentar em silêncio, ouvirá vibrações. Você pode fazer a experiência a qualquer momento que desejar.

Os Vedas também afirmam que se recitarmos um mantra em voz alta, o padrão especial de vibrações dele gera os próprios efeitos, podendo criar eventos no mundo físico em que vivemos. Recitar mentalmente o mantra cria uma vibração mental, que depois se torna mais abstrata.

O mantra que uso, e que recomendo para a obtenção do sincrodestino, é o mantra simples "sohum". Ele é o mantra da respiração; se você observar sua respiração, ouvirá "sohum" quando o ar entrar e sair do pulmão. Durante a inspiração, o som da vibração é "so" e, na expiração, ele se torna "hum". Se quiser, também pode fazer a seguinte experiência: inspire profundamente, feche os olhos e a boca, e solte o ar com força pelo nariz. Se você se concentrar, conseguirá ouvir claramente o som "hum".

Na verdade, uma das técnicas de meditação envolve simplesmente concentrar-se no local de onde vem a respiração. De olhos fechados, inspire e pense na palavra "so"; ao soltar o ar, pense na palavra "hum". Gradualmente, tanto a respiração quanto o som ficarão cada vez mais serenos, e a respiração se tornará tão tranquila que parecerá quase cessar. Ao acalmar a respiração, você aquieta a mente. Quando você transcende, o mantra "sohum" desaparece totalmente e a respiração faz uma pausa momentânea. O próprio tempo para, e você se vê no campo da consciência pura, a esfera não local, o espírito, a base do ser.

O mantra, portanto, é uma maneira de experimentar a consciência não local.

O SUTRA

O sutra é um mantra que encerra significado. O mantra em si não possui significado; é apenas uma vibração, um som. Ele se torna um sutra quando existe uma intenção codificada no som. A palavra *sutra* é um vocábulo sanscrítico, relacionado com o nome latino *sutura,* que é a base da palavra *suturar,* que significa "juntar com costura". Desse modo, o *sutra* é na verdade um ponto de costura na alma, ponto esse que é de intenção. Tanto os mantras quanto os sutras nos permitem transcender e alcançar uma consciência mais profunda. Desse modo, você poderia, por exemplo, usar o mantra "sohum", para transcender e, a seguir, poderia usar uma palavra, um sutra, para incrustar uma intenção particular na consciência.

As mensagens contidas em um sutra são ao mesmo tempo simples e complexas. Se eu pronunciar o sutra *"aham brahmasmi"* ("a essência do meu ser é a realidade suprema, a origem e a base do universo, a causa de tudo o que existe"), poderia ser preciso um dia inteiro ou meio livro para explicar e compreender essa frase. No entanto, o sutra contém o conhecimento completo desse complexo pensamento. Desse modo, esse sutra, essas duas palavras, resume todo o conhecimento. Ao voltar simplesmente a atenção para esse sutra, você experimentará e compreenderá toda a explicação nele contida.

Existem mantras e sutras que foram usados com sucesso durante milhares de anos e você os encontrará nos capítulos seguintes. Eles fornecem um caminho para o sincrodestino. Embora as palavras sanscríticas que personificam esses sutras possam lhe parecer exóticas, esse fato não diminui a eficácia delas. Você nem mesmo precisa compreender o significado dos sutras para que eles funcionem. Lembre-se de que se trata de sons da natureza aos quais é atribuído um significado. A alma entenderá o significado deles mesmo que você não o compreenda.

Os próximos capítulos descrevem os sete Princípios do Sincrodestino e fornecem exercícios destinados a fazer com que você os entenda melhor. Esses sete princípios são maneiras de pensar a respeito das qualidades da inteligência não local e relacioná-las com a sua vida. Cada princípio oferece uma nova lição, um novo modo de relacionar-se que o leva para mais perto do espírito, com as infinitas possibilidades dele.

Apresento a seguir o programa que lhe possibilitará alcançar o sincrodestino, uma maneira específica de usar todos os elementos que discuti até aqui:

1 Comece cada dia indo para um lugar tranquilo onde você não seja perturbado. Reúna símbolos dos seus arquétipos e coloque-os diante de você.

2 Medite durante vinte minutos usando o mantra sohum. Essa meditação expande a consciência e o coloca em uma disposição de ânimo receptiva.

3 Logo depois de concluir a meditação, ao abrir os olhos, contemple os símbolos dos seus arquétipos e invoque ou convide as energias arquetípicas a se expressarem através de você. Diga: "Peço que vocês se tornem parte de mim e atuem através de mim. Orientem-me na minha vida."

4 Leia o princípio do sincrodestino para esse dia. Existem sete Princípios de Sincrodestino e sete dias na semana. No dia que começar, leia o primeiro princípio. Você não precisa compreender cada conceito contido nele. Apenas leia-o. No segundo dia, vá para o segundo princípio. No terceiro, avance para o terceiro e assim por diante. Recomendo que não salte os princípios, pois eles estão dispostos em ordem, desenvolvendo-se um a partir do outro. No oitavo dia, volte ao primeiro princípio e recomece a série.

Cada princípio possui um sutra que condensa os ensinamentos do princípio. Procure assimilar totalmente o significado do sutra. Execute os exercícios associados ao sutra até que se tornem parte da sua realidade. Após muitas semanas, você será capaz de ler apenas o sutra e obter o benefício de todo o capítulo.

Esses primeiros quatro passos não devem durar mais do que vinte ou trinta minutos. Repita à noite o procedimento.

No restante do dia, você não precisa fazer nada especial. Leve a vida da maneira como normalmente o faria. A meditação matutina concentra sua intenção durante o dia, mesmo quando você não está pensando nela. Ao ler o princípio, você cria essa intenção e, a seguir, permite que a inteligência não local sincronize os milhões de eventos individuais que precisam ocorrer para que a intenção se realize. Isso é tudo que você precisa fazer.

No fim de cada capítulo, você encontrará um ou mais exercícios que se destinam a ilustrar os princípios e conduzi-lo a um entendimento mais profundo dos sutras. Eles não são parte da meditação diária e sim um suplemento. Experimente-os sempre que sentir que gostaria de dar aquele passo adicional para compreender os Princípios do Sincrodestino.

Finalmente, isso é de fato tudo que você precisa para chegar ao local onde tem lugar o sincrodestino – os sete princípios, os sete sutras, os seus arquétipos, a habilidade de meditar usando o mantra "sohum" e as Afirmações do Sutra que podem ser lidas quando você sentir que está começando a se desestabilizar. Essas são as ferramentas que você tem nas mãos e que fazem os milagres acontecerem.

8
O PRIMEIRO PRINCÍPIO: VOCÊ É UMA PEQUENA ONDULAÇÃO NA ESTRUTURA DO COSMO

SUTRA: Aham Brahmasmi
A essência do meu ser é a realidade suprema, a origem e a base do universo, a causa de tudo o que existe.

O primeiro princípio do sincrodestino reconhece a inteligência fundamental que dá origem ao meu corpo, ao seu corpo e ao universo como um todo – a tudo, das estrelas e galáxias às partículas subatômicas. O campo de inteligência consciente é o manancial do cosmo. É o corpo prolongado que compartilhamos e que une todos nós. A essência do meu ser também é a essência do seu, bem como a de todos os seres.

Você, eu e o universo somos o mesmo. E quando compreendemos que as intenções e os desejos que surgem em nós são as intenções do universo, podemos abandonar o desejo de controlar as coisas e deixar que a vida maravilhosa que nascemos para viver desabroche na sua inimaginável magnificência.

Quando você compreender essa premissa, entenderá o sutra do primeiro princípio do sincrodestino. A essência do meu ser é a realidade suprema, a origem e a base do universo, a causa de tudo o que existe. Por mais simples que possa parecer essa afirmação, sua profundidade pode levar uma vida inteira para ser percebida e seu significado para a nossa vida é muito intenso. Quando compreendemos plenamente este sutra simples, tudo se torna possível, porque tudo já existe dentro de nós. Você e eu somos o mesmo, e cada um de nós é o ser infinito que projeta um ponto de vista particular – o seu ponto de vista e o meu. O meu eu é inseparável de tudo o que existe, assim como o seu eu é inseparável de tudo o que existe.

O poder embutido nesse pensamento emerge quando percebemos que o eu funciona sincronicamente. Como sou uma extensão da inteligência consciente, e esta última é a causa de toda a realidade, então, sou a causa de toda a realidade. Eu crio minha própria experiência.

Exercício 1:
O ESPECTADOR SILENCIOSO

Vá para um lugar tranquilo onde provavelmente não seja perturbado. Toque uma fita ou um CD com a sua música suave predileta. Feche os olhos. Ao fazer isso, volte a atenção para quem está realmente escutando. Comece a perceber duas facetas diferentes de si mesmo. Seus ouvidos captam o som e o cérebro processa as notas, mas isso é apenas a mecânica da audição. Quem liga as notas para que elas formem a música? Como você está pensando em ouvir, quem está efetivamente escutando?

Observe o espectador silencioso, o ouvinte calado que está sempre presente. Essa presença existe não apenas em você como também no espaço à sua volta. Trata-se da sua parte que está além dos pensamentos e sentimentos do momento, a parte que jamais se cansa e nunca dorme. Tampouco pode essa parte sua ser destruída. Reconheça que esse espectador silencioso está sempre presente. Ele é a parte de você que pode ser vislumbrada quando o tagarelar dos seus pensamentos é silenciado pela meditação. Você consegue sentir dentro de si essa corrente mais profunda de consciência?

Conscientizar-se desse espectador silencioso significa começar a perceber o campo de inteligência consciente, a causa de todo o sincronismo da nossa vida.

Exercício 2:
POR QUE VOCÊ ESTÁ AQUI?

Para fazer este exercício, você vai precisar de lápis e papel, além de ter a certeza de que não vai ser interrompido durante dez minutos.

Pergunte a si mesmo: Por que estou aqui? Escreva a primeira coisa que lhe vier à cabeça. Essa pergunta está aberta a muitas interpretações, de modo que procure anotar os pensamentos que ela desperta.

Faça, então, a mesma pergunta novamente. Por que estou aqui? Escreva uma nova resposta. Faça isso vinte vezes.

Examine agora suas respostas. O que elas lhe dizem? Você percebe algum padrão ou progressão nas respostas? O que isso lhe diz a respeito da maneira como você enxerga a sua vida?

Você pode ver a sua vida como uma série de eventos externos e internos, mas também pode aprender a percebê-los como estando interligados e conectados a algo mais espiritual. Se fizer isso, começará a visualizar a vida como uma oportunidade de compartilhar a dádiva especial que somente você pode outorgar ao mundo. Essa é uma resposta à pergunta de por que você está aqui. Possuir esse tipo de clareza de propósito o ajudará a apurar suas intenções.

9

O SEGUNDO PRINCÍPIO: ATRAVÉS DO ESPELHO DE RELACIONAMENTOS, DESCUBRO O MEU EU NÃO LOCAL

SUTRA: Tat Tvam Asi
Vejo o outro em mim e eu nos outros.

Compreender como funcionam os relacionamentos humanos é uma das chaves mais importantes do sincrodestino. No Ocidente, temos a tendência de procurar na psicologia popular estratégias para administrar nossos pensamentos e sentimentos. Com excessiva frequência, os livros de autoajuda sugerem que manipulemos nossos relacionamentos para que possam tornar-se mais satisfatórios. No entanto, criar relacionamentos humanos positivos é muito mais do que uma tática: significa fornecer o ambiente humano no qual o sincrodestino pode ter lugar. Isso é absolutamente fundamental, da mesma maneira como a gravidade ou o ar que respiramos também são essenciais.

O mantra para este princípio significa "eu sou aquilo". Este princípio se desenvolve a partir do primeiro, no qual aprendemos que somos todos extensões do campo de energia universal, uma única entidade com diferentes pontos de vista. *Eu sou aquilo* envolve olhar para tudo no mundo, para todos no mundo, e compreender que você está vendo outra versão de si mesmo. Você e eu somos o mesmo. Tudo é o mesmo. Eu sou aquilo, você é aquilo, tudo isto é aquilo. Somos espelhos para os outros e precisamos aprender a nos ver no reflexo das outras pessoas. Isso se chama o espelho do relacionamento. Através dele descubro o meu eu não local. Por esse motivo, alimentar os relacionamentos é a atividade mais importante na minha vida. Quando olho ao meu redor, tudo que vejo é uma expressão de mim mesmo.

Por conseguinte, o relacionamento é uma ferramenta para a evolução espiritual, com a meta suprema de atingir a consciência unitária. Somos todos inevitavelmente parte da mesma consciência universal, mas os grandes avanços acontecem quando começamos a reconhecer essa conexão na vida do dia a dia.

O relacionamento é uma das formas mais eficazes de entrar em contato com a consciência unitária, porque sempre estamos nos relacionando.

Por meio do espelho do relacionamento – de todos os relacionamentos – descobrimos estados expandidos de consciência. Tanto aqueles que amamos quanto aqueles por quem sentimos aversão são espelhos de nós mesmos. Por quem nos sentimos atraídos? Por pessoas que possuem as mesmas características que temos, porém mais acentuadas. Desejamos a companhia delas porque, subconscientemente, sentimos que por meio desse contato talvez possamos expressar também, com mais intensidade, essas características. Pelo mesmo motivo, sentimos repulsa pelas pessoas que refletem características que negamos possuir. Assim sendo, se você tiver uma forte reação negativa diante de uma pessoa, pode ter certeza de que ela possui alguns atributos em comum com você, atributos estes que você não está disposto a aceitar, porque se estivesse eles não o perturbariam.

Na próxima vez em que se sentir atraído por alguém, pergunte a si mesmo o que o atraiu. Foi a beleza, a graciosidade, a elegância, a influência, o poder ou a inteligência? Seja qual for a qualidade, esteja certo de que ela também está florescendo em você. Preste atenção a esses sentimentos e poderá iniciar o processo de se tornar mais plenamente você mesmo.

É claro que o mesmo é verdade no que tange às pessoas por quem você sente repulsa. Para se tornar mais plenamente você mesmo, precisa compreender e aceitar suas qualidades menos atraentes. A qualidade essencial do universo é a coexistência de valores opostos. Você só pode ser bravo se tiver dentro de si um covarde. Só pode ser generoso se tiver dentro de si um avarento. Só pode ser virtuoso se tiver dentro de si a capacidade de fazer o mal.

Uma maravilhosa história sufista ilustra muito bem como esse espelho afeta a nossa vida. Certo homem entrou em um vilarejo e procurou o mestre sufista, o ancião sábio do local. O visitante disse: "Estou resolvendo se devo ou não me mudar para cá. Tenho a curiosidade de saber como é a vizinhança. O senhor pode me falar a respeito das pessoas que moram aqui?" O mestre respondeu pedindo ao homem: "Descreva-me o tipo de pessoas que moravam no lugar de onde você vem." O visitante disse: "Oh, eram assaltantes, trapaceiros e mentirosos." O velho mestre sufista então declarou: "Imagine só. As pessoas que moram aqui são exatamente iguais a essas." O visitante deixou o lugarejo e nunca mais voltou. Meia hora depois, outro homem chegou à aldeia. Ele procurou o mestre sufista e disse o seguinte: "Estou pensando em me mudar para cá. O senhor pode me descrever como são as pessoas que moram aqui?" Uma vez mais o mestre sufista pediu: "Diga-me que tipo de pessoas moravam no seu lugar de origem." O visitante respondeu: "Oh, eram extremamente bondosas, delicadas, compassivas e amorosas. Vou sentir uma enorme saudade delas." O mestre sufista declarou então: "As pessoas que moram aqui são exatamente assim."

Essa história nos faz lembrar de que as características que vemos com mais clareza nos outros são as que existem mais fortemente em nós mesmos. Quando conseguimos enxergar o que existe no espelho do relacionamento, podemos começar a nos ver integralmente. Para fazer isso, precisamos nos sentir à vontade com a nossa ambiguidade, aceitar todos os nossos aspectos. Em um nível profundo, precisamos reconhecer que não somos defeituosos simplesmente porque possuímos atributos negativos. Ninguém possui apenas qualidades positivas. Admitir que temos características negativas significa simplesmente que somos completos. E nessa totalidade, alcançamos um acesso maior ao nosso eu universal, não local.

Exercício 3:
ABRAÇANDO A DUALIDADE

Para este exercício, você vai precisar de papel e caneta.

Pense em uma pessoa específica que você considere muito atraente. No lado esquerdo do papel, liste dez ou mais qualidades desejáveis que ela possui. Relacione qualquer coisa que lhe venha à mente. Escreva rápido.

O segredo é não permitir que a mente consciente critique seus pensamentos. Por que gosta dessa pessoa? Por que você a acha atraente? O que mais admira nela? Essa pessoa é bondosa, amorosa, flexível, independente? Você admira o fato de ela ter um carro bonito, usar um penteado charmoso ou morar em uma casa agradável? Você pode escrever quantas qualidades quiser, mas não pare antes de chegar a dez.

Mude agora de perspectiva e pense em alguém que você considera repulsivo, uma pessoa que o irrita, incomoda, exaspera ou o deixa pouco à vontade de alguma maneira. Comece a definir as qualidades específicas que você considera desagradáveis. Do lado direito do papel, relacione dez ou mais dessas qualidades indesejáveis. Por que não gosta da pessoa? Por que essa pessoa o incomoda ou deixa furioso? Escreva o maior número de qualidades que desejar, mas não pare antes de chegar a dez.

Depois de concluir as duas listas, pense de novo na pessoa que você acha atraente e identifique pelo menos três características desagradáveis nela. Não lute contra essa ideia, porque ninguém é perfeito. (Quanto mais você conseguir aceitá-la nos outros, mais prontamente será capaz de aceitá-la em você.) Pense então na pessoa que você considera desagradável e identifique três atributos dela que sejam relativamente atraentes.

Você deve ter agora pelo menos 26 qualidades relacionadas na página. Releia cada uma delas e faça um círculo em volta de cada atributo que você possua. Por exemplo, se escreveu *compassiva* a respeito da pessoa atraente, pergunte a si mesmo se você nutre às vezes esse sentimento. Se for esse o caso, faça um círculo em volta da palavra. Se não for, não faça nada. Não pense demais sobre o assunto; responda com as suas primeiras impressões. Percorra todas as palavras de ambas as listas e faça um círculo em volta de cada uma que descreve uma qualidade que você consiga identificar na sua natureza.

Examine uma vez mais a lista. Examine cada palavra que deixou de envolver com um círculo e identifique aquelas que absolutamente não se aplicam a você, palavras que definitivamente não o descrevem. Faça uma marca perto delas.

Finalmente, volte à lista e olhe para as palavras que você *envolveu com um círculo* e identifique as três que o descrevem mais intensamente. Vire o papel e escreva essas três palavras. A seguir, volte, examine as palavras que você *marcou* e identifique as três que têm menos a ver com você, aquelas que não se aplicam de maneira alguma. Escreva essas três palavras no verso do papel debaixo das palavras que mais se aplicam a você. Leia essas seis palavras – as três que melhor o descrevem e as três que menos têm a ver – em voz alta. *Todas essas qualidades e características também são você.* As qualidades que você nega mais fortemente possuir também fazem parte de você e são provavelmente aquelas que criam mais turbulência na sua vida. Você atrairá pessoas que possuem essas seis qualidades, tanto as extremamente positivas, porque pode achar que não as merece, como as intensamente negativas, porque se recusa a reconhecer a presença delas na sua vida.

Quando for capaz de se ver nos outros, terá muito mais facilidade para se ligar a eles e, através dessa conexão, descobrir a consciência unitária. A porta do sincrodestino se abrirá. Esse é o poder do espelho do relacionamento.

Exercício 4:
NAMASTE

A palavra sanscrítica *namaste* significa: "O espírito que existe em mim venera o espírito que existe em você." Sempre que olhar nos olhos de outra pessoa, diga silenciosamente "Namaste" para si mesmo. Essa é uma maneira de reconhecer que o que está lá é o mesmo que está aqui.

Quando você fizer isso, tudo a seu respeito – sua linguagem corporal, sua expressão e seu tom – será reconhecido pela outra pessoa em um nível profundo. Embora essa saudação seja silenciosa, o outro consciente ou inconscientemente registrará o respeito implícito nela. Pratique este exercício durante alguns dias e verifique se percebe alguma diferença nas suas interações com as outras pessoas.

10
O TERCEIRO PRINCÍPIO: DOMINE O SEU DIÁLOGO INTERIOR

SUTRA: Sat Chit Ananda
O meu diálogo interior reflete a chama da minha alma.

O terceiro princípio descreve a maneira como a mente cria a realidade e como, ao dominar o nosso diálogo interior, podemos literalmente transformar a realidade para criar a abundância.

O mantra – *sat chit ananda* – nos diz que a nossa alma é o lugar que é espontaneamente amor, conhecimento e bem-aventurança. *Sat* significa verdade, liberdade com relação a todas as limitações. *Chit* significa conhecimento total, conhecimento espontâneo ou consciência pura. *Ananda* significa bem-aventurança, total felicidade, completa realização. Desse modo, o que a frase realmente diz é: "A minha alma está livre de limitações. A minha alma possui um conhecimento espontâneo. A minha alma existe na completa realização."

O diálogo interior é uma das nossas características mais fundamentais. Esse diálogo interior tem uma função importante: ao fazer julgamentos, ele contribui para a sobrevivência. Essa pessoa pode ser perigosa. Aquela fruta talvez seja comestível. Este pode não ser um bom momento para pedir um aumento ao meu chefe. Apesar de útil, essa pequena voz quer que você acredite que você e ela são um só, que os objetivos dela são os seus. No entanto, como já vimos, há outro lugar dentro de você onde habita o silêncio. Trata-se do lugar onde você se liga ao espiritual, onde a mente local cede a vez à mente não local. É o lugar ao qual você pode ter acesso através da meditação.

O DIÁLOGO INTERIOR E O PODER PESSOAL

Estar sincronizado com o campo de inteligência cria o equilíbrio físico, emocional e espiritual. Confere a você a força e a flexibilidade necessárias para enfrentar sem esforço qualquer desafio. Você se torna capaz de transformar o desafio de maneira que ele o alimente, e o fato de enfrentá-lo lhe outorga mais força.

Quando damos conosco olhando para o mundo e dizendo: "Não existem oportunidades para mim", deveríamos provavelmente também examinar nosso coração e perguntar: "Se não há nada lá fora, será que existe alguma coisa aqui dentro?" Precisamos analisar nosso diálogo interior para descobrir onde podemos estar bloqueando o fluxo de energia consciente, depois remover o ego, sair do caminho e deixar que a chama da alma brilhe através de nós.

Os sábios védicos dizem que a chama da alma, quando intensa, está refletida no brilho dos nossos olhos. Ela se reflete espontaneamente na sua linguagem corporal e nos movimentos do seu corpo. Tudo o que você pensa, sente, diz e faz reflete essa mesma chama. Qual a aparência dela? Não existem noções absolutas, mas o espírito se reflete na fala e no comportamento impecáveis, abstendo-se de qualquer coisa que possa ser potencialmente considerada prejudicial. O espírito se reflete na confiança, na felicidade, no bom humor, na intrepidez, na bondade e na consideração. A qualidade do seu diálogo interior torna-se instantaneamente óbvia para as outras pessoas, embora ele possa não ser reconhecido pelo que é. Quando você pratica o diálogo interior positivo, as pessoas têm vontade de se relacionar com você, ajudá-lo e estar em sua companhia. Elas querem compartilhar o amor, o conhecimento e a grande felicidade que brilham através dos seus olhos e estão refletidos em todas as suas ações. Esse é o verdadeiro poder interior.

Exercício 5:
A CHAMA NOS SEUS OLHOS

A chama na sua alma estará refletida nos seus olhos. Sempre que se olhar no espelho, mesmo que apenas por um ou dois segundos, estabeleça contato visual com a sua imagem e repita em silêncio os três princípios que são as bases da autorreferência. Em primeiro lugar, diga a si mesmo: "Sou totalmente independente das opiniões positivas ou negativas das outras pessoas." Em segundo: "Não sou inferior a ninguém." Em terceiro: "Sou intrépido diante de todo e qualquer desafio." Observe os seus olhos no espelho e veja essas atitudes refletidas de volta para você. Apenas os olhos e não a expressão facial. Procure o brilho nos seus olhos para se lembrar da chama na sua alma.

11
O QUARTO PRINCÍPIO: A INTENÇÃO TECE A TAPEÇARIA DO UNIVERSO

SUTRA: San Kalpa
As minhas intenções possuem um poder organizador infinito.

Nossas intenções são uma manifestação do universo total porque somos parte do universo e nossas intenções encerram a mecânica da sua realização. Na verdade, tudo de que realmente precisamos é clareza de intenção. A seguir, se conseguirmos tirar o ego do caminho, as intenções se realizarão sozinhas. Elas atraem os elementos e as forças, os eventos, as situações, as circunstâncias e os relacionamentos necessários para que o resultado pretendido seja satisfeito. Não precisamos nos envolver nos detalhes; de fato, tentar demais pode fazer o tiro sair pela culatra. Deixe a inteligência não local sincronizar as ações do universo para que suas intenções se realizem. A intenção é uma força na natureza, como a gravidade, porém, mais poderosa. Ninguém precisa se concentrar na força da gravidade para fazê-la funcionar. Ninguém pode dizer: "Não acredito na gravidade", porque ela é uma força em ação no mundo quer a compreendamos, quer não. A intenção funciona da mesma maneira.

A única preparação ou participação requerida para desencadear o poder da intenção é uma conexão com o campo de inteligência consciente, que pode ser alcançada de muitas maneiras, sendo que uma das melhores é a meditação. Quando uma pessoa atinge certo nível de consciência, as intenções dela começam a acontecer. Existem pessoas que estão tão ligadas ao campo de inteligência consciente que todas as suas intenções se manifestam – a ordem completa do universo se organiza em torno delas. É claro que não é estritamente verdade que todas as suas intenções pessoais estejam se concretizando; na verdade, as pessoas que estão conectadas ao campo de inteligência consciente adotam as intenções do universo. As suas intenções estão se realizando, mas somente porque a mente cósmica está usando essas intenções para satisfazer os próprios desejos.

A intenção não é simplesmente um capricho. Ela requer atenção e também exige o desapego. Depois de criar conscientemente a intenção, você precisa ser capaz de se desapegar do resultado e deixar o universo cuidar dos detalhes da realização. Se não fizer isso, o ego se envolverá com o que está acontecendo e perturbará o processo. Você se sentirá frustrado se a sua intenção não se realizar logo.

É claro que a melhor maneira de realizar todas as suas intenções é alinhá-las com a intenção cósmica, criar a harmonia entre o que você pretende e o que o universo tenciona para você. Assim que surgir essa congruência, você descobrirá que o sincronismo passará a assumir um papel maior na sua vida. O melhor modo de criar essa harmonia é alimentando uma atitude de simples gratidão. Reconheça a gratidão por tudo na sua vida. Parte do processo de criar a harmonia envolve abandonar todos os tipos de ressentimento. O ressentimento provém do ego. Os animais não têm nenhum problema com rancores ou ressentimentos. É somente entre os seres humanos que a intenção é frequentemente obstruída por todos os tipos de bagagem emocional. Você precisa abandonar tudo isso a fim de criar a intenção pura.

Exercício 6:
FOCALIZANDO A INTENÇÃO

A melhor maneira de colocar em evidência nossas intenções é escrevendo-as.

Vá para um lugar tranquilo onde não seja perturbado. Escreva o que você quer em todos os diferentes níveis do desejo. Inclua os aspectos materiais, a gratificação do ego, os relacionamentos, a autoestima e os desejos espirituais. Seja o mais específico possível.

Faça acréscimos ou tire coisas da lista à medida que os seus desejos mudam ou se tornam realidade.

Medite a respeito de como seria a vida se todos esses desejos se realizassem. Veja se consegue criar visões interiores de genuína realização tanto no nível material quanto no espiritual. Não se preocupe em ter essas visões em uma ordem específica ou em determinar se elas são realistas ou não. Apenas veja-as acontecer; sinta-as com os cinco sentidos. A meta é ter a atenção congruente nesses quatro níveis de aspiração. Quando esse tipo de congruência está em jogo, o diálogo interior é muito claro e poderoso, e o ajudará a alcançar a consciência unitária.

As intenções não precisam de uma atenção constante, mas necessitam permanecer focalizadas. Esse é um hábito que desenvolvemos com o tempo. Examine sua lista uma ou duas vezes durante o dia. Releia-a várias vezes logo antes de meditar. Quando você medita, silencia o eu. O ego desaparece. Em decorrência disso, você se desliga dos resultados, não se envolve com os detalhes e deixa que o infinito poder organizador da inteligência mais profunda administre e preencha para você todos os detalhes das suas intenções. A chave é afastar-se do nível do ego, do nível do eu e da autoestima, para deixar a inteligência não local dirigir a realização dos seus desejos através do sincronismo.

No início, você pode ser tão egoísta quanto desejar. Todas as suas intenções podem ser a respeito do "eu" e dos pequenos detalhes do que você quer que aconteça na sua vida. No entanto, posteriormente, você compreenderá que o objetivo é a realização em todos os níveis e não apenas no nível pessoal ou do ego. Quando começar a ver suas intenções realizadas, seu interesse pessoal diminuirá porque você sabe que pode ter tudo. Quando você tem comida suficiente, não fica obcecado por comer o tempo todo. O mesmo ocorre com as intenções. Quando souber que a realização é possível, pensará menos nas suas necessidades pessoais e mais nas necessidades do resto do mundo. Esse é um processo que funciona através de estágios. Seja paciente, mas fique atento ao início dos milagres.

12
O QUINTO PRINCÍPIO: APROVEITE A SUA TURBULÊNCIA EMOCIONAL

SUTRA: Moksha
Estou emocionalmente livre.

Quando compreendemos que a realidade externa não pode ser separada da interna, quando percebemos que o universo, na verdade, é o nosso corpo mais amplo, fica muito claro que a energia negativa existente dentro de nós é destrutiva. A turbulência emocional é uma importante barreira para a realização espontânea do desejo, mas é possível transformar a energia negativa em um nível mais elevado de consciência.

A palavra *moksha* significa "liberdade". Quando esse sutra ressoa dentro de nós, ele expressa: "Estou emocionalmente livre. A minha alma está livre do melodrama, do ressentimento, do rancor, da hostilidade e da culpa. Estou livre da presunção. Estou livre do egoísmo. Estou livre da autocomiseração. Sou capaz de rir de mim mesmo. Percebo o humor na vida." Tudo isso está contido nessa liberdade; se não estou emocionalmente livre, ofusco e perturbo a experiência do espírito com o ego, e as minhas melhores intenções não podem ser realizadas.

Enfim, a liberdade emocional também leva à liberdade psicológica e espiritual. Existem, na verdade, apenas duas emoções: o prazer e a dor – as coisas ou nos fazem bem ou nos magoam. A maioria das pessoas acredita que as duas emoções fundamentais são o amor e o medo, mas, na verdade, essas são apenas as maneiras como respondemos ao potencial para o prazer e a dor. O *amor* significa que queremos nos aproximar da coisa porque achamos que ela nos trará prazer. O *medo* significa que queremos nos afastar dela porque achamos que nos trará dor.

A condição ótima e mais verdadeira é a do equilíbrio. Sempre que temos uma turbulência emocional, perturbamos o equilíbrio interno natural, o que pode bloquear nossa evolução espiritual e até nos separar do sincronismo. Isso não quer dizer que as emoções sejam em si nocivas ou que devam ser evitadas. Na qualidade de seres humanos, sempre teremos emoções, pois elas fazem parte da condição humana.

Talvez a emoção mais destrutiva seja a raiva. A raiva nos motiva a causar dano aos outros, conduzindo-nos na direção oposta à iluminação e à consciência unitária. A raiva obscurece qualquer percepção da unidade. Ela só diz respeito ao ego. Em vez de fazê-lo avançar em direção ao sincronismo e à iluminação, a raiva o empurra para trás, impedindo-o de receber as mensagens transformadoras do universo.

O primeiro passo para converter as emoções é assumir a responsabilidade pelo que você está sentindo. Para fazer isso, você precisa reconhecer a emoção. O que está sentindo? Onde a sente no corpo? Assim que conseguir identificar o sentimento, observe-o. Experimente-o o mais objetivamente possível, como se você fosse outra pessoa que estivesse olhando-o a distância. A raiva é desencadeada pela dor. Descreva a dor a partir desse ponto de vista objetivo.

Depois que a dor foi identificada dessa maneira, você pode começar a expressá-la, liberá-la e compartilhá-la. Transforme a experiência dolorosa em uma nova percepção. Finalmente você poderá até mesmo ser capaz de celebrar a dor como outro passo no seu caminho em direção à iluminação espiritual. Quando abraçar a dor dessa maneira, a turbulência emocional desaparecerá e o caminho para o sincronismo ficará novamente desimpedido.

Exercício 7:

LIDANDO COM A DOR

Para fazer este exercício, você precisará passar cerca de dez minutos em um local onde provavelmente não vá ser perturbado. Comece meditando por alguns momentos.

De olhos fechados, relembre algum evento ou situação do passado que o tenha aborrecido muito. Depois de escolher uma situação desagradável, tente recordar o maior número possível de detalhes a respeito dela. Crie um filme mental do que aconteceu.

O primeiro passo para lidar com a dor dessa situação é identificar exatamente o que você está sentindo. Que palavra descreve melhor seus sentimentos a respeito desse evento ou situação? Procure encontrar uma única palavra que abranja o maior número possível de sentimentos, a sua melhor descrição. Agora, concentre-se durante alguns segundos nessa palavra.

Deixe que a atenção se desloque gradualmente dessa palavra para o seu corpo. Que sensações físicas você está sentindo em decorrência de reviver essas emoções? Cada emoção possui, ao mesmo tempo, aspectos mentais e físicos que não podem ser separados. Nossos sentimentos ocorrem simultaneamente na mente e no corpo. Sinta as sensações criadas pelo incidente no qual você está pensando. Observe a experiência física da emoção e determine a localização específica dela no corpo.

O próximo passo é expressar o sentimento. Ponha a mão sobre a parte do corpo onde você sente que o sentimento está localizado. A seguir, diga em voz alta: "Sinto dor aqui." Se a dor se encontra em mais de um lugar, toque cada um deles e repita a frase: "Sinto dor aqui."

Temos dentro de nós o poder de fazer desaparecer cada dor emocional. Nossas reações aos eventos externos estão situadas no nosso corpo. Criamos emoções, as quais geram dor física. Quando compreendemos esse simples fato, podemos aprender a mudar a maneira como respondemos aos eventos externos. Podemos escolher a forma como reagimos aos incidentes no mundo. Quando reagimos com raiva, hostilidade, depressão, ansiedade ou outra emoção intensa, nosso corpo acompanha o processo e cria os hormônios, contrações musculares e outras manifestações físicas que acabam por nos fazer efetivamente sentir dor. Por conseguinte, precisamos sempre lembrar que esses efeitos são nossa responsabilidade no sentido de que podemos modificar nossas reações de maneiras menos nocivas para nós. Podemos ficar livres do drama e da turbulência emocional. Medite por um momento sobre o conceito da responsabilidade pessoal pelas reações emocionais.

Depois de ter localizado e reconhecido a dor, e assumido a responsabilidade por ela, você pode liberá-la. Coloque a atenção na parte do corpo onde está sentindo dor. Cada vez que soltar o ar, tenha a intenção de liberar a tensão que você está sustentando. Durante meio minuto, concentre-se em se livrar da tensão e da dor cada vez que expirar. Solte-se. Deixe que a dor se vá.

O próximo passo é compartilhar a dor. Imagine que pode falar com a pessoa que estava envolvida no incidente que você recordou neste exercício. O que diria a ela? Enquanto pensa nisso, lembre-se de que a pessoa não foi a verdadeira causa de sua dor. Você teve uma reação emocional que se manifestou como dor física. Você assumiu a responsabilidade. Sabendo disso, o que diria a essa pessoa? O que você escolher dizer será pessoal para você e a situação. O que você disser para compartilhar a dor que você sentiu ajudará a eliminar para sempre a experiência da sua consciência. Compartilhe o que sentiu, como está se sentindo agora e como pretende lidar com esse tipo de sentimento no futuro.

Este exercício pode ser usado sempre que você perceber uma turbulência emocional na sua vida. Ao concluir o exercício, celebre por um momento o fato de ter usado essa experiência dolorosa para alcançar um nível mais elevado de consciência. Se utilizar sistematicamente este exercício, acabará conseguindo se libertar da turbulência e da dor emocional, tornando seu caminho livre para experimentar o sincronismo.

Exercício 8:
CURANDO A RAIVA DA INFÂNCIA

Para este exercício, você precisará mais ou menos de dez minutos ininterruptos.

Pense no que aconteceu ontem. Imagine que a sua memória é uma fita de vídeo que você pode voltar e parar em qualquer ponto que escolher. Neste momento, faça-a voltar apenas vinte e quatro horas. Pense em algumas coisas que fez durante o dia. Alguma delas o assustou ou o fez ficar zangado? Não precisa ser nada especialmente importante ou dramático; você pode ter ficado impaciente enquanto esperava em uma fila ou pode ter presenciado uma cena em que alguém foi rude ou desatencioso. Durante aproximadamente um minuto, tente se lembrar dos eventos do dia com o maior número possível de detalhes. Concentre-se em um momento de raiva, tomando consciência das sensações no seu corpo bem como das emoções na sua mente.

A seguir, volte ainda mais a fita e pare exatamente um ano atrás. Procure se lembrar do que estava fazendo naquela época nesta data ou no dia mais próximo dela que você conseguir recordar. O que passava pela sua cabeça naquela ocasião? Você se lembra de ter estado preocupado ou zangado com alguma coisa? Tente sentir as emoções da época na mente e no corpo. Os sentimentos são os mesmos que você se lembra de ter sentido ontem?

Volte ainda mais a fita e pare no ponto em que era adolescente. Uma vez mais, concentre-se em uma situação que o tenha deixado zangado ou assustado. Reviva os sentimentos no nível mental e físico. Observe de que maneira a raiva que você sentiu ontem se desenvolveu a partir de emoções que surgiram havia muito tempo.

Procure agora recordar um incidente da infância. Quando foi a primeira vez na sua vida em que você se lembra de ter ficado realmente zangado? Sinta todas as sensações criadas por essa raiva.

Repare como o medo e a raiva se acumularam no decorrer dos anos. Embora não consiga se lembrar, houve uma época na sua vida que antecedeu qualquer sentimento de raiva ou medo, um período de completa paz e tranquilidade. Tente imaginar como pode ter sido essa experiência da mais absoluta felicidade. Concentre-se em uma ocasião anterior ao medo ou à raiva. Volte a fita imaginária de sua vida até a tela ficar escura e sinta os limites entre você e o ambiente se evaporarem. Sinta agora, durante um minuto, o total desaparecimento de sua raiva acumulada, seu medo e seu ego.

Com esse sentimento de felicidade completa na consciência, comece a avançar a fita de vídeo imaginária. Visite os mesmos pontos da sua vida em que você parou antes, os momentos de raiva ou de medo da infância, os anos da adolescência, o ano passado, o dia de ontem. Ao contemplar novamente essas cenas, reintroduza no cenário a experiência de total felicidade. Em vez de permitir que um momento de raiva se desenvolva a partir de outro, comece a apagá-los, um por um, desde os primórdios da infância até o dia de ontem. Passe mais ou menos um minuto sentindo a raiva e o medo serem apagados por essa memória de grande felicidade. E à medida que esses sentimentos forem eliminados, deixe que o acúmulo tóxico dos anos de raiva e medo desapareçam do seu espírito.

Você pode usar este exercício em qualquer ocasião para atacar na base o problema da raiva. Muitas pessoas o consideram especialmente útil à noite, pouco antes da hora de dormir, pois acordam felizes e sem nenhuma raiva residual.

13
O SEXTO PRINCÍPIO: CELEBRE A DANÇA DO COSMO

SUTRA: Shiva-Shakti
Estou criando os deuses e as deusas dentro de mim;
eles expressam por meu intermédio todos os
atributos e poder que possuem.

O sexto princípio nos estimula a viver plenamente a vida abraçando os aspectos masculinos e femininos do nosso ser.

Uma das maneiras de abarcar esses dois aspectos é invocar os arquétipos masculinos e femininos. De acordo com Carl Jung, os arquétipos são memórias hereditárias representadas na mente como símbolos universais e podem ser observados nos sonhos e nos mitos. Eles são estados de consciência. São concentrações universais de energia psíquica.

Os arquétipos existem como potencial e jazem adormecidos na consciência. Todo mundo possui pelo menos um arquétipo, que permanece em repouso até ser despertado por alguma situação no ambiente ou na vida mental consciente ou inconsciente da pessoa. Uma vez despertado, o arquétipo manifestará através de nós os seus poderes e atributos. O que você faz com a sua vida é em geral, até certo ponto, uma representação da combinação dos seus arquétipos. É provável, por exemplo, que uma pessoa que exerça um poder extraordinário no mundo, como um rei ou um presidente, tenha Zeus ou Hera como arquétipos de poder e liderança. No entanto, se essa pessoa também for excepcionalmente sábia, ela também pode ter Atena como um arquétipo de sabedoria.

É possível despertar conscientemente o seu arquétipo por meio da intenção. Assim que descobrir seus principais arquétipos, você pode começar a chamá-los diariamente. Cerque-se de símbolos, palavras ou representações que o façam recordar os seus arquétipos. Coloque os símbolos perto da cama para que sejam a primeira coisa que você vê quando acorda pela manhã. Peça aos seus arquétipos que o orientem e lhe transmitam a sabedoria que possuem, solicitando ainda que eles se tornem parte de você e atuem por seu intermédio. Você pode dizer isso de uma maneira simples, como: "Peço que vocês se tornem parte de mim e trabalhem através de mim. Orientem-me no caminho da vida."

Se chamar seus arquétipos dessa maneira logo depois da meditação diária, começará a sentir a presença deles de uma forma mais forte e direta. Eles podem proporcionar-lhe o acesso às forças que estão ocultas dentro de você.

Exercício 9:
ENCONTRANDO O COSMO INTERIOR

Grave o trecho que se segue em uma fita e toque-a depois.

Sente-se ou deite-se em uma posição confortável, de olhos fechados. Aquiete o diálogo interior observando a respiração.

Após alguns minutos, leve a atenção para o coração. Visualize-o como uma esfera de luz palpitante. Nela, visualize dois ou três seres divinos ou energias arquetípicas. Podem ser anjos, deuses ou deusas. Visualize agora o resto do seu corpo também como um corpo de luz. Imagine agora, lentamente, que esse corpo de luz com a sua esfera palpitante de seres divinos está se expandindo até preencher totalmente o aposento no qual você se encontra sentado ou deitado. Deixe que essa expansão avance além dos limites do cômodo de modo que você não esteja mais no aposento e sim ele em você. Dê seguimento ao processo de expandir o seu corpo de luz para que toda a cidade onde você mora exista dentro do seu ser – os prédios, as pessoas, o trânsito e a região rural.

Continue a expandir seu senso do eu de modo a incluir no seu ser físico o estado onde você vive, o seu país e, finalmente, todo o planeta. Veja agora que o mundo inteiro existe em você.

Diga agora tranquilamente para si mesmo: "Não estou no mundo, o mundo está em mim." Peça aos seres divinos que ainda dançam na sua esfera palpitante do coração para corrigir quaisquer desequilíbrios que você possa perceber no seu mundo. Peça a eles que satisfaçam qualquer desejo que você tenha e tragam harmonia, beleza, alegria e a cura para as diferentes partes do seu eu cósmico. Continue a expandir o seu senso do eu para que ele inclua planetas e luas, estrelas e galáxias.

Diga agora aos seus botões: "Não estou no universo, o universo está em mim." Comece lentamente a diminuir o tamanho do seu eu cósmico até poder, uma vez mais, experimentar o seu eu pessoal. Imagine trilhões de células no seu corpo pessoal que fazem parte de uma dança, cada célula sendo em si mesma um universo. Lembre-se de que o seu verdadeiro ser habita todos esses níveis de criação, do microcosmo ao macrocosmo, do átomo ao universo, do seu corpo pessoal ao seu corpo cósmico. Expresse sua gratidão a essas energias arquetípicas.

Permaneça agora tranquilamente sentado ou deitado, sentindo as sensações no seu corpo. Você pode sentir um formigamento ou ficar animado. Após dois ou três minutos, abra os olhos. O exercício está terminado.

14
O SÉTIMO PRINCÍPIO: ENTRANDO EM CONTATO COM A CONSPIRAÇÃO DE IMPROBABILIDADES

SUTRA: Ritam
Estou alerta, desperto para as coincidências e sei que elas são mensagens de Deus. Sigo o fluxo da dança cósmica.

O sétimo princípio incorpora todos os outros aspectos do sincrodestino para formar uma abordagem da vida proveniente da consciência tranquila.

Ritam quer dizer "estou alerta à conspiração de improbabilidades".

Cada evento possui uma chance particular de acontecer, ou probabilidade. A probabilidade de se ganhar a loteria é muito baixa. A probabilidade de se ganhar a loteria sem jogar é ainda menor.

Maximizamos a probabilidade de que algo irá acontecer por meio das nossas ações e muitas delas são determinadas pelo condicionamento cármico, ou seja, as interpretações das experiências e relacionamentos passados que formam e afetam as memórias e desejos da nossa vida. Se tivermos tido experiências passadas nas quais tivemos sorte, a probabilidade de comprarmos um bilhete de loteria aumenta. No entanto, uma pessoa que nunca tenha ganhado nada sente-se derrotada até mesmo antes de comprar o bilhete e poderá nunca vir a comprar um.

Por conseguinte, a fim de mudar sua vida, você precisa se libertar da sua condição cármica atual. Tem de modificar a maneira como interpreta o que acontece na sua vida. Precisa se transformar na pessoa para quem é maior a probabilidade de grandes coisas acontecerem. E essa transformação começa no nível da alma, pois é ela que confere significado aos eventos. A alma age influenciando a nossa mente. E para cada ação, existe uma memória, uma interpretação. O significado, a experiência, a interpretação, a memória e o desejo estão intimamente ligados através do ciclo cármico.

Nós nos acostumamos a uma certa maneira de fazer as coisas e damos seguimento a esse padrão por força do hábito, apenas porque é cômodo. A fim de mudar a sua vida, você precisa descobrir uma maneira de romper o padrão. Isso não é fácil, mas algumas pessoas o fazem todos os dias. A melhor maneira de fazê-lo é ficar atento a indícios de novas probabilidades, e eles chegam até nós sob a forma de coincidências.

Essas são mensagens da esfera não local, convites para que rompamos nossos vínculos cármicos. As coincidências são um salto quântico criativo no comportamento do próprio universo. Como o conhecido é em si um hábito de condicionamento passado, a criatividade e a liberdade existem no desconhecido – qualquer coisa que transponha a amplitude de probabilidade determinada pelo carma. É por esse motivo que é importante procurar as coincidências, manter um registro delas. Quando você percebe as coincidências, pode descobrir o significado oculto delas para a sua vida.

A coincidência é, por definição, uma experiência sincrônica. Ela tem origem na esfera não local e afeta nosso mundo de maneiras imprevisíveis. O fato de ela ser uma coincidência significa que é uma mensagem de Deus. Precisamos ficar atentos e a seguir entrar em ação. Essa é a oportunidade que temos de ter uma resposta criativa. A meta da iluminação é ir além do padrão da probabilidade e experimentar a verdadeira liberdade. Por esse motivo é importante jamais deixar de tomar conhecimento da coincidência. Nunca deixe passar a oportunidade de verificar o que o universo planejou para você.

E se prestar atenção às coincidências, descobrirá que elas se aceleram, criando um número ainda maior de oportunidades.

Esse é o segredo do sincrodestino. Todas as ideias aqui apresentadas são os princípios dominantes do universo. Se você torná-los as diretrizes de sua vida, a vida dos seus sonhos se concretizará. Compreender que esses princípios não são apenas abstrações, que eles estão efetivamente atuando em tudo que fazemos, é na verdade mais do que uma percepção. Trata-se de uma espécie de celebração. Quando você domina o sincrodestino, quando aprende a sincronizar sua vida com o universo, está celebrando a dança cósmica.

Exercício 10:
ENCAIXANDO TUDO

Vá para um lugar muito agitado, como um shopping, por exemplo. Compre algo para comer no setor de alimentação. Sente-se em um banco. Feche os olhos. Prove a comida, sinta o cheiro e a textura dela o mais atentamente possível. Continue de olhos fechados e preste atenção a todos os sons do seu ambiente imediato. Que música está tocando ao fundo? Cânticos natalinos? A trilha sonora de um filme? Você é capaz de se sintonizar com a conversa das pessoas à sua volta? Consegue ouvir frases e palavras esparsas? Alguns sons lhe parecem mais atraentes ou chamam a sua atenção mais do que outros?

Leve agora a atenção para o corpo e sinta tudo que o cerca. Experimente a dureza ou a maciez do banco ou do sofá; ele é de madeira, de metal ou de tecido?

Abra os olhos e observe o cenário à sua volta, as pessoas que passam, as cores, as lojas, os artigos nas vitrines e as galerias de arte.

Feche os olhos e, na imaginação, observe novamente o que experimentou: os sabores, os odores, as texturas, as cores e os objetos que viu, os sons que você ouviu. Escolha um item de cada uma das suas experiências sensoriais. Como por exemplo: o sorvete de morango na língua, o cheiro do pão que está assando, a sensação de pedras ásperas debaixo dos seus pés, um belo quadro do sol se pondo atrás das montanhas, cânticos natalinos e a trilha sonora do filme *Goldfinger* de James Bond. Diga aos seus botões que todos esses sons, odores, texturas e sabores fazem parte de uma história. Pergunte a si mesmo qual é a história. Peça ao seu eu não local que revele a história para você. Agora relaxe e acredite que o seu eu não local fornecerá a resposta sob a forma de uma experiência sincrônica.

O exercício que acabo de descrever é um exemplo real de uma experiência que tive em um shopping na época do Natal. Um ano depois, eu estava na Jamaica e tinha ido dar um passeio de carro pela região rural. Vi uma cena muito semelhante à do quadro: um belo pôr do sol em uma montanha à beira-mar. Tomei informações e descobri que o lugar se chamava Strawberry Hill, o local onde tinha sido filmado *Goldfinger* de James Bond. Decidi visitar um lindo hotel de Strawberry Hill, onde havia um luxuoso spa. O diretor do spa ficou encantado em me conhecer e comentou que estivera me procurando durante várias semanas porque desejava informações sobre terapias ayurvédicas. Acabamos conversando a respeito de uma colaboração mútua. Vários anos depois, também vim a conhecer o dono do hotel, que era um dos executivos de uma gravadora. Ele marcara uma consulta comigo porque a esposa estava doente e ficamos bons amigos. Ele me ofereceu excelentes conselhos quando produzi meu primeiro CD de música com meditações de cura. Passados muitos anos, essas amizades continuam a evoluir e nos sentimos ligados uns aos outros no espírito do amor; sabemos possuir uma conexão cármica.

15

VIVENDO O SINCRODESTINO

Gostaria de voltar à pergunta que fiz no início do livro. Se você soubesse que os milagres poderiam acontecer, quais você pediria?

Se você soubesse que poderia ter tudo e fazer qualquer coisa que quisesse, o que escolheria ter e fazer?

O sincrodestino possibilita que você faça esses milagres acontecerem, sem limites, interminavelmente. E ele faz isso cutucando-o delicada e progressivamente, e conduzindo-o da esfera local para a não local. Quando vivemos apenas na esfera local, ficamos pobres. Nossa conta corrente espiritual fica vazia. Na esfera local, onde a maioria de nós reside o tempo todo, nunca sabemos o que vai acontecer a seguir. Vamos conseguir chegar ao fim do dia, da semana, do mês? Nela, suas ações portarão o fardo da ansiedade. Seus pensamentos serão perturbados pela dúvida, e suas intenções serão bloqueadas pelas preocupações do ego.

O fato de usar o sincrodestino para entrar em contato com a esfera não local possibilita que você entre em uma esfera de criatividade e correlação infinitas. Nela, você está interiormente seguro, você se liberta da ansiedade e fica livre para ser a pessoa que foi destinada a ser. Você possui o equivalente espiritual de um bilhão de dólares no banco. Na esfera não local, você tem um suprimento ilimitado de conhecimento, inspiração, criatividade e potencial. Tem acesso a um suprimento infinito de tudo o que o universo tem a oferecer. Independentemente do que possa acontecer na sua vida, você permanece calmo, seguro e infinitamente abençoado.

Os princípios do sincrodestino oferecem um caminho direto para que você desenvolva uma conexão com a esfera não local. Pratique a meditação e reveja as Afirmações do Sutra diárias, e com o tempo se verá conectado ao espírito de uma forma que tornará os milagres não apenas possíveis, como também uma parte natural da sua vida cotidiana.

Como qualquer outra jornada que valha a pena, viver o sincrodestino exigirá algum sacrifício da sua parte. Você precisará sacrificar suas ideias errôneas de que o mundo funciona como uma máquina bem lubrificada desprovida de consciência. Terá de sacrificar a noção de que está sozinho no mundo. Precisará sacrificar o mito que diz que uma vida mágica é impossível. Algumas pessoas vivem o tempo todo uma vida mágica. Elas aprenderam como voltar a entrar em contato com a energia ilimitada que jaz no âmago do universo. Aprenderam a ficar atentas a pistas que conduzem à intenção da esfera não local que se expressa por meio de coincidências, bem como a extrair significado dessas pistas para que possam saber que ações são necessárias para aumentar a probabilidade de que coisas maravilhosas aconteçam.

O QUE ESPERAR DO SINCRODESTINO

Embora as ideias apresentadas neste livro possam ser o início de toda uma vida de evolução e realização pessoal, cabe a você escolher penetrar ou não a conspiração de improbabilidades e encontrar o tesouro oculto que se encontra atrás dela. Pode começar a trilhar o caminho do sincrodestino como uma maneira de conseguir riqueza, de ter relacionamentos mais significativos ou de alcançar o sucesso profissional. O sincrodestino certamente pode fazer tudo isso para você, mas a meta suprema do sincrodestino é expandir a consciência e abrir uma porta para a iluminação. Aproveite a jornada. Cada estágio traz novos portentos, novas maneiras de perceber e viver no mundo. Pense no sincrodestino como uma espécie de renascimento ou despertar. Assim como os dias que você passa acordado são imensamente diferentes e mais estimulantes do que o estado de sono profundo, o despertar para o quinto, sexto ou sétimo estados de consciência oferece uma expansão daquilo que você é capaz de experimentar. Por meio do sincrodestino, você poderá se tornar a pessoa que o universo planejava que você fosse, ou seja, tão poderoso quanto o desejo, tão criativo quanto o espírito. Você só precisa estar ansioso para participar da dança cósmica e disposto a buscar os milagres da alma.

Tão logo esses milagres começarem a se intensificar como parte da sua experiência de vida, você passará a compreender que o sincrodestino é apenas o sintoma de um fenômeno mais profundo, que é uma mudança na sua identidade e um despertar para quem você realmente é. Também vai compreender que o verdadeiro você não é de modo algum uma pessoa, e sim um campo de inteligência onde a pessoa com a qual você se identificou, todas as outras pessoas, bem como o ambiente onde elas existem surgem e evoluem juntos como resultado das próprias interações. Você já não pensa no universo como a soma de partículas separadas e distintas, e sim como uma totalidade coerente, inteira, onde a personalidade com a qual você se identifica atualmente, todas as outras personalidades e os pensamentos de todas elas são padrões mutuamente interdependentes que se interpenetram – um comportamento singular do seu eu não local. Você é o mistério luminoso do qual surge e para o qual declina o universo com todas as suas formas e os seus fenômenos. Quando compreende esse fato, o seu eu pessoal se transforma completamente no seu eu universal e tem lugar o conhecimento experimental da imortalidade, a perda total do medo, inclusive do temor à morte. Você se tornou um ser que irradia amor da mesma maneira que o sol irradia luz. Você finalmente chegou ao lugar em que a sua jornada começou.

Impressão e Acabamento:
EDITORA JPA LTDA.